MARCO AURÉLIO
MEDITAÇÕES

Título original: *Meditations*

Tradução
copyright © Editora Lafonte Ltda. 2022

Todos os direitos reservados.
Nenhuma parte deste livro pode ser reproduzida por quaisquer meios existentes sem autorização por escrito dos editores.

Direção Editorial *Ethel Santaella*

Tradução *Ciro Mioranza*
Revisão *Rita del Monaco*
Textos de capa *Dida Bessana*
Capa e Projeto Gráfico *Marcos Sousa*
Diagramação *Jéssica Diniz*
Imagem de Capa *Matthias Kabel / Commons*

Dados Internacionais de Catalogação na Publicação (CIP)
(Câmara Brasileira do Livro, SP, Brasil)

```
Marco Aurélio, Imperador de Roma, 121-180
   Meditações / Marco Aurélio ; tradução do inglês
Ciro Mioranza. -- São Paulo : Lafonte, 2022.

   Título original: Meditations
   ISBN 978-65-5870-281-8

   1. Estóicos 2. Filosofia antiga I. Título.

22-111228                                    CDD-188
```

Índices para catálogo sistemático:

1. Estoicismo : Filosofia antiga   188

Cibele Maria Dias - Bibliotecária - CRB-8/9427

Editora Lafonte
Av. Profª Ida Kolb, 551, Casa Verde, CEP 02518-000, São Paulo-SP, Brasil – Tel.: (+55) 11 3855-2100
Atendimento ao leitor (+55) 11 3855-2216 / 11 3855-2213 – atendimento@editoralafonte.com.br
Venda de livros avulsos (+55) 11 3855-2216 – vendas@editoralafonte.com.br
Venda de livros no atacado (+55) 11 3855-2275 – atacado@escala.com.br

MARCO AURÉLIO

O IMPERADOR FILOSÓFICO

MEDITAÇÕES

UM CONJUNTO DE REFLEXÕES SOBRE A VIDA HUMANA, A ALMA E O ESPÍRITO

Tradução do inglês
Ciro Mioranza

Brasil, 2022

Lafonte

ΜΕΓΟΙΕΣΕΝ
ΓΟΣΕΙΔΟΝ

οχαία Ελλάδα

ΕΛΛΑΔΑ

Ακρόπολη

ήνα

Κρήτη

Αρχαία Ελλάδα

ΑΘΕΝΑΙΑ
ΑΜΑSΙS

τας βλέπουμε, κάθε κράτος, ο κίνδυνος
είναι οργανωμένη για χάρη κάρη καρή κάποιου
οποιοσδήποτε δραστηριότητας έχει στο νου το
αθο. Τότε προφανώς όλη η φιλοδοξεί Επιπλέον
ου ενώ το πιο σημαντικό από όλα και όλες
λότερο από όλα τα οφέλη Αυτή η πολιτική

Ελλάδα Αθήνα

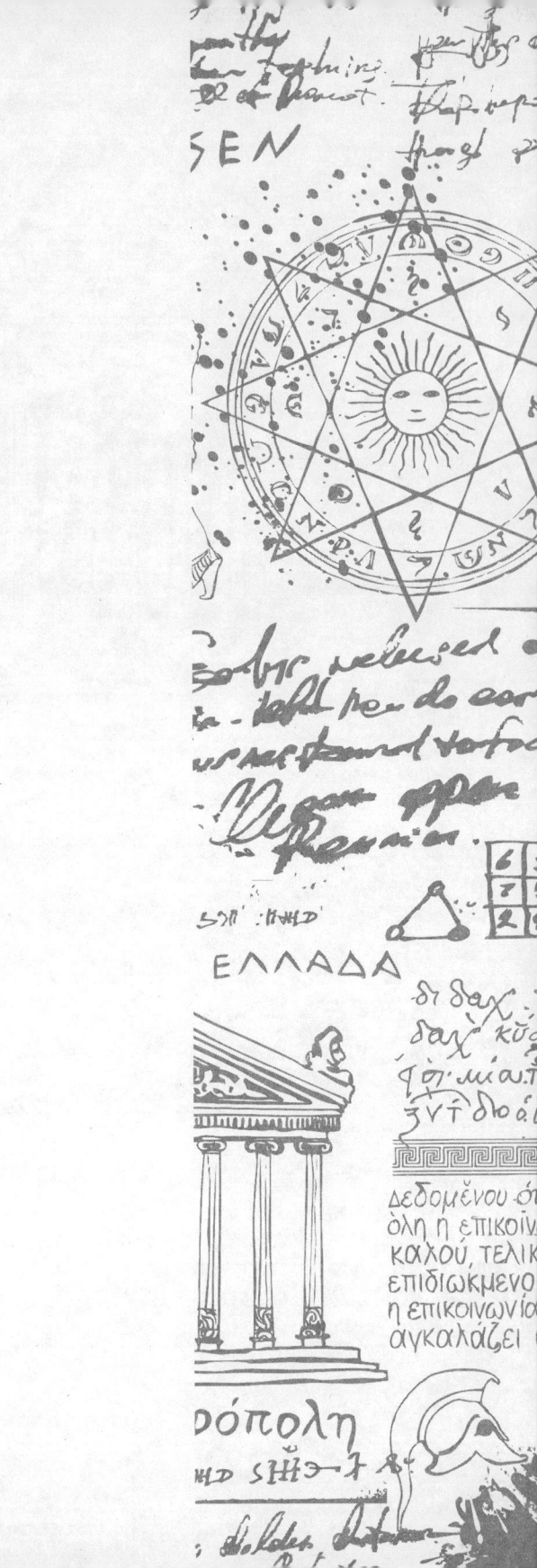

ÍNDICE

3 Apresentação

19 Livro I

29 Livro II

37 Livro III

47 Livro IV

61 Livro V

73 Livro VI

89 Livro VII

105 Livro VIII

121 Livro IX

135 Livro X

149 Livro XI

163 Livro XII

INTRODUÇÃO

O livro do imperador romano Marco Aurélio, intitulado *Meditações*, não é propriamente um tratado de filosofia, em que deveria abordar todos os aspectos, princípios e conceitos inerentes a essa ciência. *Meditações* é uma sequência de pensamentos e de reflexões sobre o universo, sobre a natureza, sobre a vida humana, sobre a divindade, sobre todas as manifestações dos seres e dos elementos existentes neste mundo, segundo os ditames da escola filosófica do estoicismo. Esse conjunto de reflexões não segue uma ordem lógica, mas é descontínuo, dando a impressão de que o autor lançava por escrito seus pensamentos à medida que afloravam em sua mente. Isso faz com que o livro se assemelhe a um diário, que é escrito em diferentes momentos, sob diferentes condições e circunstâncias.

De fato, isso transparece no primeiro capítulo, no qual o autor confessa que redigiu essa parte quando estava acampado com o exército às margens do rio Danúbio, em guerra conra um povo germânico que ameaçava as fronteiras do império. Nesse capítulo introdutório, Marco Aurélio expressa sua gratidão para com todos aqueles que colaboraram, com suas lições ou com seus exemplos, para forjar seu caráter, para educá-lo e instruí-lo, para prepará-lo a enfrentar as dificuldades da vida e a trilhar o caminho do bem, da honradez e da justiça. É um longo agradecimento por tudo o que aprendeu com esses guias e benfeitores, citando nominalmente um por um, especificando inclusive aquilo que aprendeu com cada um deles, terminando por agradecer aos deuses tudo o que recebeu em vida, desde os pais que teve, os amigos, mestres e filhos, até a inclinação para a filosofia.

A partir do segundo capítulo (ou livro, como consta no original), desfia seus pensamentos e reflexões sem um tema específico para cada capítulo, mas abordando todos os assuntos que se apresentam, dedicando a cada um deles um parágrafo, como se fosse um lembrete ou uma admoestação ou um conselho ou mesmo uma advertência. Dir-se-ia que o texto todo tem a aparência ou a semelhança de um livro de autoajuda, embora alguns parágrafos transpirem filosofia pura. Assim mesmo, não deixa de tirar uma lição moral dos textos essencialmente filosóficos. Na realidade, o livro todo é, pode-se dizer, uma sucessão de anotações e apontamentos, abordando todos os temas relacionados com a vida humana, com os acontecimentos desse mundo. Os mais recorrentes são a brevidade da vida, a morte, a alma, o espírito, o corpo, o bem e o mal, as boas e más ações, a virtude, a natureza universal, a natureza pessoal ou individual, o próximo, o homem como ser social, o além-túmulo, os deuses e o respeito a eles devido, a centelha de divindade que habita em cada ser humano, e muitos outros, que o autor transcreve à medida que lhe ocorrem. Ensina a superar as amarguras da vida, a enfrentar as adversidades, a aceitar o que o destino reserva a cada um, a não temer a morte, a observar todas as coisas e suas contínuas mudanças, a refletir sobre tudo o que acontece no mundo, a agir em benefício do outro e da comunidade, a praticar a virtude, a se comportar com dignidade, sem sobranceria, orgulho ou hipocrisia, como um ser humano que busca a perfeição em tudo o que faz, com retidão, simplicidade e justiça, recorrendo ao bem maior que possui, ou seja, a razão, que tudo rege, e o espírito, que tudo inspira.

À primeira vista, parece que o autor, sob certos aspectos, se assemelha a um homem profundamente religioso, pois prega a virtude, o bem, o amor ao próximo, a generosidade e muitas outras coisas que remetem à religião, de acordo com nossa visão hodierna. Cumpre, no entanto, salientar que não é bem isso. Na antiguidade, o papel da religião era outro. De fato, a religião estava intimamente ligada ao Estado, não tratava de questões morais e da vida interior, da religiosidade do cidadão ou de sua relação com os deuses. Na sociedade romana, por exemplo, a religião era uma questão de Estado, que previa a realização de rituais e cerimônias públicas, oficiadas por sacerdotes, que eram funcionários públicos, para assegurar ao Estado a proteção dos deuses em todos os empreendimentos; promovia celebrações públicas para comemorar vitórias dos exércitos, que eram atribuídas à intervenção da divindade. Não cabia a essa religião de Estado dar resposta às dúvidas, às dificuldades e à ansiedade do ser humano. O aspecto moral, a vida interior, a prática do bem e da virtude, o amor a seu semelhante, a própria devoção aos deuses, enfim, tudo o que envolvia o homem em sua caminhada na terra e para seu destino final, tudo isso representava questões que cabia à filosofia responder.

Por essa razão, o livro de Marco Aurélio, em certo sentido e em não poucas passagens, parece um manual de religião, especialmente quando fala da devoção aos deuses, da centelha de divindade que trazemos em nosso peito, da alma, do amor ao próximo, da prática da virtude e assim por diante. Talvez, mas é preferível dizer que é um livro que procura formar um cidadão de boa índole, justo, bondoso, sociável, embora o escrito se apresente permeado de religiosidade. Cumpre notar, porém, que nada mais é que o reflexo da moral ou da ética de uma doutrina filosófica, amplamente difundida na época de Marco Aurélio, o estoicismo. Sem entrar de modo mais profundo e detalhado nesse sistema filosófico, convém dar uma ideia aproximada do que era essa doutrina, ressaltando os pontos ou tópicos mais importantes para entender melhor as ideias propostas por Marco Aurélio neste livro.

Em resumo, o estoicismo é uma corrente filosófica e espiritual de caráter racional, panteísta, determinista e dogmática, com acentuada orientação ética e, em princípio, otimista. Os estoicos pregavam a virtude do autocontrole e o desapego das coisas terrenas, como meios para atingir a integridade moral e intelectual. No ideal estoico, o domínio sobre as paixões é que permite ao espírito alcançar a sabedoria e, pela sabedoria, a felicidade. O estoico não despreza, contudo, a companhia dos outros, porquanto o homem é um ser social que vive necessariamente em comunidade.

O estoicismo nasceu em Atenas, com Zenon de Cítio (335-264 a.C.), filósofo que ministrava suas lições, no local da Stoá poikíle, pórtico pintado, de cujo designativo derivou o termo stoikós, estoico, e deste, o substantivo estoicismo, doutrina filosófica que se difundiu por toda a Grécia, chegando a Roma nos séculos subsequentes.

Os estoicos dividiam a filosofia em três disciplinas: a lógica, que trata do processo do conhecer; a física, que trata do objeto do conhecimento; a ética, que trata da conduta conforme a natureza racional do objeto. Toda a doutrina era comparada a um pomar: a lógica é o cercado que delimita o terreno; a física é representada pelas árvores, enquanto a ética é o fruto.

Por lógica, os estoicos entendiam não somente as regras formais do pensamento que se conformam corretamente com a razão, mas também aquelas construções da linguagem nas quais os pensamentos são expressos. A lógica, portanto, se relaciona diretamente com a teoria do conhecimento. Na doutrina estoica, o conhecimento começa com as impressões captadas pelos sentidos. Cabe à razão ou ao espírito julgar se essas impressões correspondem à realidade ou se devem ser descartadas como falsas. O objeto da lógica, portanto, são precisamente os julgamentos expressos em forma de proposições. O verdadeiro e o falso dependem exclusivamente do veredicto emitido pela razão. O conhecimento não se baseia, portanto, na simples sensação, nem na impressão que provoca nos sentidos ou mesmo no espírito, mas na razão, que tudo rege e que pode realmente chegar à conclusão do que é verdadeiro, do que é falso ou do que não passa de mera opinião.

"Embora o sistema fosse subordinado totalmente à ética, esta se baseava por sua vez num princípio que tem sua origem na física. A física estoica deriva da concepção do fogo como força produtiva e razão ordenadora do mundo. Desse fogo original é gerado o universo que, em determinados períodos de tempo, que são sempre cíclicos, se destrói para voltar a renascer do fogo, restabelecendo-se cada vez em seu estado original. Por esse motivo se costuma falar de um eterno retorno que se produz ciclicamente sob a forma de conflito universal, através de uma conflagração. Esse ordenamento é sustentado por uma razão universal. Essa pode ser entendida como um movimento espontâneo, eterno, incontido, imanente. que permeia qualquer forma de ser, do mais simples e ínfimo ao maior e mais complexo, vivo ou não. De sua ação resultam dois princípios nos quais o mundo se subdivide: um ativo, chamado de várias maneiras (razão ou Zeus, ou sopro, ou natureza), e um passivo, que é a materialidade das coisas. Os estoicos, contudo, eliminam qualquer dualismo entre o ser em potência e o ser em ato, sustentando que Deus não seria perfeito se a matéria fosse ainda, de algum modo, independente dele. Deus, portanto, produz não somente as formas, mas representa também a própria matéria, o elemento passivo que é plasmado daquele ativo." O estoicismo é, portanto, uma doutrina panteísta: pois julga que Deus está em toda a criação e não tem subsistência fora dela.

A ética estoica se baseia no princípio de que o homem é um microcosmo, uma totalidade em que todo o universo é reproduzido. A ética privilegia a virtude, que consiste em viver em conformidade com a natureza do mundo. Zenon ensinava: "Viver segundo a natureza é viver segundo a virtude, isto é, segundo a natureza de cada um e a natureza do universo, nada fazendo do que a lei, comum a todos, costuma proibir, lei que é idêntica à reta razão difundida em todo o universo e é idêntica também a Zeus, guia e senhor do universo". O móvel da conduta não pode ser, portanto, a busca do prazer. E são precisamente as paixões que impedem a adequação da conduta humana à racionalidade. Exercendo o domínio sobre as paixões, tudo o que poderia parecer um mal e uma dor se revela como elemento positivo e necessário para o aperfeiçoamento. Nesse sentido, mesmo a doença e a morte devem ser aceitas. Em resumo, a ética estoica é uma ética do dever, que Epicteto sintetiza nestas palavras: "Suporte e abstenha-se." Obviamente, isso significa aceitar com serenidade o que o destino nos reserva.

Ilustra muito bem isso a metáfora estoica do cachorro amarrado a uma carroça. Existem duas possibilidades; seguir tranquilamente a carroça ou resistir. A estrada a percorrer é a mesma. Acompanhando a marcha da carroça, o percurso será tranquilo. Resistindo, seremos arrastados. A respeito, Sêneca, filósofo estoico do século I d.C., disse: "O destino guia quem o aceita, mas arrasta quem resiste".

Embora isso revele uma faceta determinista do estoicismo, essa doutrina ensinava que o bem supremo do homem é a felicidade e esta se conquista na prática da virtude e vivendo segundo a natureza, como afirma Zenon, citado há pouco. Além disso, a capacidade de alcançar a felicidade é a expressão maior da sabedoria. A felicidade ou a infelicidade dependem, portanto, unicamente de cada um. A virtude, viver em conformidade com a natureza universal não são pressupostos para a felicidade, mas constituem a própria essência da felicidade. E esta transforma, dignifica, liberta. Ninguém, portanto, é escravo por natureza; o ser humano é inteiramente livre e só é escravo aquele que se deixa dominar pelas paixões. Em sua complexa caminhada espiritual, proposta e patrocinada pela filosofia, o homem chega a uma união mística com o todo, com o universo, com o cosmo, do qual é parte integrante.

No estoicismo, a lógica, a física e a ética podem ser representadas como uma escada; a ética, cujo fruto é a virtude, corresponde ao último degrau, para alcançar a felicidade e a plenitude como ser humano.

Espera-se que esses breves tópicos sobre o estoicismo auxiliem o leitor na compreensão dos pensamentos e reflexões, expostos nesta obra de Marco Aurélio Antonino.

Esta tradução do texto de Meditações foi realizada utilizando as traduções inglesas de Marc Causabon e de George Long, especialmente esta última, por ser considerada pelos críticos como a mais literal (do original grego) e, portanto, possibilitando remontar com maior precisão à terminologia utilizada por Marco Aurélio. Além disso, essa tradução foi comparada também com a latina, de Guilielmus X. Augustanus, de 1554. O objetivo dessa escolha foi o de não fazer uma tradução reelaborando profundamente o texto, conferindo-lhe uma feição mais interpretativa, mas permanecendo mais próximo possível do estilo do autor e repetir com maior fidelidade os termos por ele utilizados, permitindo assim ao leitor, acredita-se, saborear um estilo literário e uma terminologia mais próximos do original, que tem quase dezenove séculos de existência.

BREVES TRAÇOS BIOGRÁFICOS DE MARCO AURÉLIO ANTONINO

Marco Aurélio Antonino Augusto nasceu em Roma no dia 11 de abril de 121 e faleceu em Sirmio ou Vindobona (atual Viena, Áustria) no dia 17 de março do ano 180. Por indicação do imperador Adriano (117-138), foi adotado no ano 138 pelo futuro sogro e tio Antonino Pio (imperador de 138 a 161), que o nomeou herdeiro do trono imperial.

Nascido com o nome de Marco Ânio Catílio Severo, assumiu o nome de Marco Ânio Vero, que era o nome do pai dele, no momento do casamento com a prima Faustina, filha de Antonino Pio, e depois adotou o nome de Marco Aurélio César.

A família de Marco Aurélio se projetou na sociedade romana quando seu bisavô Marco Ânio Vero foi senador do império. No ano 73-74, o avô, também chamado Marco Ânio Vero, foi elevado à classe dos patrícios. O pai, igualmente chamado Marco Ânio Vero, se casou com Domícia Lucila, filha de rica família romana e de grande projeção na vida política. Marco Aurélio nasceu no ano 121, mas perdeu o pai, provavelmente no ano 124, quando tinha apenas 3 anos. Depois da morte do pai, foi morar na casa do avô paterno.

A instrução de Marco ocorreu em casa, seguindo o costume da aristocracia da época. Um de seus mestres, Diogneto, foi particularmente influente, introduzindo Marco numa visão filosófica da vida. No ano 132, por influência de Diogneto, Marco começou a adotar os hábitos próprios dos filósofos, utilizando a vestimenta deles, um simples e rústico manto grego. Outros mestres se ocuparam de sua instrução em diferentes disciplinas e matérias, como a língua grega, o estilo literário, a retórica.

O imperador Adriano, de saúde abalada, indicou seu sucessor no governo do império na pessoa de Tito Élio César Antonino, escolha que foi aprovada pelo Senado. Antonino adotou Marco Aurélio, então com 17 anos, como filho, fazendo o mesmo com Lúcio Cômodo, que passou a se chamar Lúcio Vero. Com a adoção, Marco Aurélio começou a galgar postos na sociedade e na política romanas, chegando a ser nomeado questor no ano 139 e cônsul em 140.

Em julho de 138, o imperador Adriano morreu, e Antonino assumiu o poder, e, por sua conduta, recebeu o apelativo de Pio, tornando-se mais conhecido como Antonino Pio. Marco Aurélio foi nomeado herdeiro do trono imperial. Como questor, Marco exerceu funções administrativas e tinha também o cargo de secretário particular do imperador. Como cônsul, presidia importantes reuniões que tratavam de questões de Estado. Mas continuava seus estudos.

No ano 145, casou-se com Faustina, com quem teve 14 filhos, dos quais somente três chegaram à idade adulta: duas meninas e Cômodo, que viria a ser imperador.

Depois da morte de Antonino Pio, Marco Aurélio recebeu do Senado o título de Augusto, que sancionava o cargo de imperador. Parece que Marco relutou inicialmente a assumir o poder, talvez por medo da grande responsabilidade e, de fato, se recusou a assumir o poder sozinho, sem ter como coimperador, Lúcio Vero, que havia sido adotado, como ele, por Antonino Pio. O Senado aprovou a proposta e, pela primeira vez, Roma passou a ter dois imperadores contemporaneamente, sendo que o imperador mais velho, no caso Marco, detinha uma autoridade superior, para todos os efeitos.

Marco Aurélio fez um governo sério e comedido. Na política interna, governou em total harmonia e sintonia com o Senado, e não como monarca absoluto; de fato, submetia à apreciação do Senado as questões mais delicadas e importantes, como a declaração de guerra aos povos hostis, a análise dos tratados de paz e as nomeações de magistrados. Seguiu uma política que valorizava todas as categorias sociais, não levando em conta nem a riqueza nem a nobreza de nascença para a distribuição de cargos, mas privilegiando a competência e o mérito pessoal. Instituiu a obrigatoriedade do registro público dos filhos, até 30 dias após o nascimento. Proibiu os processos públicos sem provas concretas e certas. Não conseguiu implantar a igualdade e a liberdade para todos, como era seu ideal de estoico, em virtude das fortes estruturas e tradições arraigadas na sociedade romana, que haveriam de impedir por todos os meios essa inovadora organização social. De qualquer modo, conseguiu abrandar o tratamento dado aos escravos, proibindo a tortura e a morte deles por qualquer motivo e a destiná-los a lutar contra as feras em espetáculos públicos.

Empregou o dinheiro público não em esplêndidas e suntuosas construções, mas em obras de reconstrução, na melhoria da rede rodoviária, da qual dependia a defesa do império e o progresso do comércio, e em fortalezas defensivas em torno das cidades. Passou muito tempo de seu reinado em campanhas bélicas para defender as fronteiras, deixando a administração do império a cargo de seus ministros em Roma, com o aval do Senado.

Enfrentou a revolta dos partas no Oriente, para onde enviou uma expedição comandada pelo coimperador Lúcio Vero, que conseguiu derrotar, em 166, os revoltosos que se retiraram para além da Mesopotâmia. Teve de enfrentar também povos germânicos às margens do Danúbio que haviam ultrapassado as fronteiras e invadido o território do império; expulsou os invasores, comandando pessoalmente o exército, nos anos 167-168.

No ano 169, o coimperador Lúcio Vero veio a falecer, e Marco Aurélio dirigiu o império sozinho até 176, quando decidiu nomear o próprio filho Cômodo coimperador.

Invadida novamente a fronteira do império às margens do Danúbio, especialmente pelos marcomanos e sármatas, povos do Norte, Marco Aurélio partiu novamente para a região, no ano 178, a fim de rechaçar os invasores. Acometido pela peste que grassava no império havia anos, foi no acampamento militar de Sirmio ou Vindobona (atual Viena) que, no ano 180, veio a falecer, deixando os destinos da guerra de fronteira (vencida pouco depois) e do império a seu filho Cômodo, que assumiu as rédeas do governo como único imperador.

LIVRO

| 1 |

De meu avô Verus[1], aprendi os bons costumes e a manter o autocontrole.

| 2 |

Da reputação e do que recordo de meu pai[2], aprendi a ser modesto e homem de caráter.

| 3 |

De minha mãe[3], recebi o exemplo de piedade e generosidade; de como evitar não somente más ações, mas também maus pensamentos; a simplicidade no modo de viver e a fuga de todos os excessos praticados habitualmente pelos ricos.

| 4 |

De meu bisavô[4], recebi elogios por não ter frequentado escolas públicas e por ter tido bons professores em casa. Além disso, me confidenciou que, para a educação, não se deve pensar em economizar nas despesas.

| 5 |

De meu tutor, aprendi a não me identificar como partidário fanático da facção dos Verdes ou dos Azuis nos jogos do circo, facções chamadas *Prasini* e *Veneti*[5], nem demonstrar exagerado apoio, na arena, aos gladiadores ou lutadores, chamados *Parmularii* e *Secutores*[6]. Aliás, me incentivou a não ter receio do trabalho, a ser moderado em tudo, a conseguir as coisas de que necessitasse por meu empenho, a não me intrometer na vida dos outros e a não me prestar a dar ouvidos a calúnias.

| 6 |

De Diogneto[7], aprendi a não me ocupar com coisas triviais e a não dar crédito facilmente a coisas que são comumente ditas por milagreiros e impostores com seus encantamentos, expulsões de demônios e coisas similares; a não criar galos de rinha e a não me apegar a essas distrações; a não me ofender com a liberdade de expressão dos outros e me aplicar com afinco ao estudo da filosofia, começando por Bacchius, seguindo com Tandasis e Marciano[8], além de me propor a redigir diálogos desde a meninice; finalmente, a me acostumar a usar camas de tábua e peles, bem como a outras coisas que são típicas da disciplina grega.

| 7 |

De Rústico[9], recebi as noções de que meu caráter necessitava de maior cuidado e melhorias e dele aprendi a não me extraviar com as emulações sofistas, nem me propor a redigir tratados especulativos, nem redigir discursos edificantes, nem me mostrar como homem que segue uma rígida disciplina, nem que pratica atos benevolentes por ostentação. Dele recebi também a orientação de me abster do estudo da retórica, da poesia e da linguagem refinada, além de evitar andar pela casa com roupas inadequadas e a não fazer outras coisas desse gênero. Com ele aprendi ainda a escrever minhas cartas num estilo simples, como aquele que ele próprio utilizou ao escrever, de Sinuessa, à minha mãe. Com relação aos que me ofendessem com palavras ou agissem mal comigo, deveria me mostrar naturalmente disposto a fazer as pazes, a me reconciliar com os mesmos, tão logo me procurassem com esse objetivo. Deveria ainda ser rigoroso com minhas leituras, não me contentando com um entendimento superficial do que lia, nem deveria concordar de imediato com o que falavam pessoas de palavra fácil. Devo a ele também ter chegado ao conhecimento dos *Discursos* de Epitecto[10], dos quais me deu uma cópia de sua coleção.

| 8 |

De Apolônio[11], aprendi a liberdade e a invariável firmeza em tomar decisões e a não me prender a nada, nem por um momento, senão à razão; e a ser sempre o mesmo nas dores mais agudas, como na perda de um filho ou em prolongada doença; podia ver nele um exemplo vivo de que era possível para o mesmo homem ser exigente e complacente. Ao ministrar suas lições, era de uma clareza sem igual. Tinha diante de meus olhos alguém que considerava a própria experiência e sua habilidade ao expor princípios filosóficos como o menor de seus méritos. E dele aprendi também a aceitar favores de amigos sem me sentir humilhado por isso ou deixar transparecer qualquer indiferença de minha parte.

| 9 |

De Sexto[12], aprendi a benevolente disposição e a forma de dirigir uma família com afeição paternal; o significado de viver de acordo com a natureza, a severidade sem afetação, a desprendida preocupação pelos interesses dos amigos e a tolerância com pessoas ignorantes e com as opiniões daquelas que as emitem sem pensar. Ele tinha a habilidade de se adaptar a todos, de modo que a convivência com ele era mais agradável do que qualquer lisonja, e era, ao mesmo tempo, mais respeitado e reverenciado por todos que o cercavam. E tinha ainda a faculdade de descobrir e sistematizar, de uma forma inteligente e metódica, os princípios essenciais da vida. Nunca chegou a mostrar a menor aparência de raiva ou qualquer outra emoção, mas era, ao mesmo tempo, sobranceiro, imperturbável e extremamente afetuoso. Sempre que expressava sua aprovação para o que quer que fosse, fazia-o com toda a tranquilidade e nunca demonstrou qualquer ostentação pelo vasto conhecimento que possuía.

| 10 |

De Alexandre, o Gramático[13], aprendi a me abster de apontar erros e a não corrigir de forma repreensível aqueles que proferissem qualquer expressão inadequada, errônea ou pronunciada de modo equivocado, mas introduzir habilmente a expressão correta por meio de uma resposta a uma pergunta ou por meio de concordância com as opiniões deles ou, ainda, introduzindo-a discretamente numa conversa sobre o assunto (não sobre a palavra) ou por qualquer outro tipo de sugestão.

| 11 |

De Fronto[14], aprendi a observar que inveja, astúcia e hipocrisia são próprias de um soberano tirânico e, geralmente, aqueles que entre nós são chamados de patrícios carecem de afeição paternal.

| 12 |

De Alexandre, o Platônico[15], aprendi a não dizer ou a não escrever em cartas, com frequência ou sem necessidade, as palavras "Não tenho tempo", nem desculpar-se continuamente pela negligência nas relações sociais requeridas no ambiente em que se vive, alegando assuntos urgentes a tratar.

| 13 |

De Catulo[16], aprendi a não menosprezar a recriminação de um amigo, mesmo quando não parecesse procedente, mas tentar restabelecer os laços de amizade preexistentes. Aprendi também a sempre e prontamente falar bem dos mestres, como se pode ler nos escritos de Domício e de Atenódoto[17]: e a amar meus filhos com verdadeiro afeto.

| 14 |

De meu irmão Severo[18] aprendi a amar meus familiares, a amar a verdade e a justiça; por meio dele tomei conhecimento de Traseia, Helvídio, Catão, Díon e Bruto[19]. Foi ele também que me levou a acatar a ideia de uma comunidade em que a lei seja a mesma para todos, uma comunidade em que subsistam direitos iguais e liberdade de expressão para todos, uma comunidade administrada por um governo que respeite, acima de tudo, a liberdade de seus súditos. Dele aprendi também a ter constância e persistência, não me permitindo qualquer desvio, na estima da filosofia, a disposição para fazer o bem e ser generoso, a acalentar a esperança por dias melhores e a acreditar no afeto de meus amigos. Nele observei também total franqueza para com aqueles a quem reprovava; e seus amigos não precisavam ficar se perguntando sobre o que ele queria ou não, tão aberto e claro era.

| 15 |

De Cláudio Máximo[20], aprendi a ter autocontrole, a não me deixar levar pelas circunstâncias e a mostrar firmeza em todas as situações, mesmo em caso de doença; a primar por uma justa mistura, no caráter moral, de brandura e dignidade e cumprir todos os meus deveres sem queixumes. Observei que todos acreditavam que, como ele falava, assim ele pensava, e em tudo o que fazia jamais deixava transparecer qualquer segunda intenção. Nunca mostrou espanto ou surpresa; nunca se mostrava apressado, mas nunca adiava o que devia fazer. Nunca se sentia perdido nem se entregava ao desânimo ou mesmo ao riso para disfarçar uma situação incômoda, nem, por outro lado, ficava com raiva ou desconfiava de alguém. Estava acostumado a fazer o bem, sempre pronto a perdoar, a falar a verdade. Dava a impressão de ser um homem que não podia ser desviado da retidão, retidão que lhe parecia ser mais natural do que cultivada. Observei também que ninguém sequer pensava que pudesse ser menosprezado por Máximo, ou mesmo aventurar-se a se julgar melhor do que ele. Além do mais, Máximo era dotado de um agradável senso de humor.

| 16 |

Em meu pai[21], observei a brandura, a imutável decisão naquilo que havia determinado após devida deliberação, a total indiferença ao que os homens chamam de honrarias, o amor ao trabalho, a perseverança, a prontidão em ouvir qualquer um que lhe apresentasse um projeto para o bem comum, a invariável firmeza com que insistia em dar a cada um de acordo com seu mérito e a experiência adquirida no tocante às ocasiões em que deveria ser mais rigoroso ou mais moderado, além do empenho empregado para acabar com a pederastia. Considerava-se a si mesmo como qualquer outro cidadão, dispensando seus amigos de qualquer obrigação de se sentarem à mesa com ele nas refeições ou de fazer parte de seu séquito em suas viagens; e quando eles eram impedidos de acompanhá-lo em razão de circunstâncias inesperadas, ele não dava maior importância ao fato. Observei também seu hábito de examinar acurada e demoradamente todas as questões que lhe eram submetidas para deliberação e nunca deixava de analisá-las com rigor, jamais se contentando em aprová-las com a primeira e apressada impressão de delas tivera. Mostrava-se particularmente propenso a conservar seus amigos, não se afastando deles por qualquer motivo fútil nem exagerando na demonstração de seu afeto. Sempre bem disposto e alegre, sabia prever as coisas com antecedência suficiente para ordenar a realização de seus planos nos mínimos detalhes e sem alarde, chegando a reprimir toda a manifestação de apoio ou aplauso popular. Estava sempre atento a todas as coisas necessárias para o governo do império, mostrando-se bom administrador dos recursos públicos e suportando com paciência as críticas decorrentes de semelhante conduta. Não era supersticioso com relação aos deuses, não ambicionava agradar aos concidadãos nem procurava conquistar o aplauso popular, mas mostrava sobriedade e firmeza em todos os seus atos, desinteressando-se e não se apegando ao que transpirasse novidade. Aceitava todas as coisas que lhe favoreciam a comodidade, que a sorte lhe havia dado em profusão, e delas tirava proveito sem ostentação quando as tinha ao alcance e, quando não as tinha, não sentia falta nem sequer as almejava. Ninguém podia dizer que ele era um sofista ou um impertinente ou mesmo um pedante, mas todos reconheciam nele um homem maduro, perfeito, insensível à lisonja, capaz de se guiar a si próprio e aos outros. Além disso, nutria grande respeito por todos os verdadeiros filósofos e não recriminava aqueles que pretendiam ser filósofos, mas preferia prescindir da orientação deles. Na convivência social, era um homem agradável e sem qualquer afetação. Tomava razoável cuidado com seu corpo, não como alguém que estivesse exageradamente apegado à vida nem excessivamente preocupado com a aparência, mas não era descuidado e, em virtude da atenção que lhe dedicava, raramente precisava de atendimento médico ou mesmo da aplicação de medicamentos. Estava sempre disposto a conceder seu apoio e ajuda, sem qualquer sombra de inveja, a todos aqueles que se destacavam por uma qualidade peculiar, como na arte da eloquência, no conhecimento das leis ou da ética, de modo que cada um deles tivesse a oportunidade de conquistar reputação e fama. Sempre agia em conformidade com as instituições do império, sem procurar com isso angariar o reconhecimento público. Além do mais, não gostava muito de mudança e de agitação, preferindo ficar sempre nos mesmos lugares e empregar seu tempo sempre nas mesmas atividades; depois de um de seus frequentes acessos de dor de cabeça, voltava imediatamente e com novo vigor para suas ocupações habituais. Seus documentos secretos não eram muitos, pelo contrário, eram poucos e até raros, e todos diziam respeito a assuntos do Estado. Mostrava prudência e comedimento na exibição de espetáculos públicos, na construção de edifícios públicos, na distribuição de benefícios e coisas similares, pois era um homem que olhava para o que devia ser feito e não para a reputação decorrente de seus atos. Não tomava seus banhos em horas inconvenientes, não era dominado pela obsessão de construir, nem demasiadamente refinado com relação aos alimentos, nem com relação ao tecido e às cores de suas vestes, nem com a aparência física de seus fâmulos. Suas roupas vinham de sua casa de campo de Lorium, na costa, e boa parte também de Lanuvium. Sabemos como ele tratou um coletor de impostos em Tusculum, que lhe pediu perdão; e esse era seu comportamento típico. Não havia nele nada de áspero, implacável, violento nem, como se diz, algo que o fizesse perder o controle, a ponto de passar a suar; mas examinava todas as coisas com seriedade e paciência, como se tivesse todo o tempo possível, sem confusão e de modo ordenado, incisivo e consistente. E poderia ser aplicado a ele o que está registrado sobre Sócrates, que sabia tanto abster-se como desfrutar daquelas coisas que muitos são demasiado fracos para conseguir se abster e que não conseguem desfrutar sem se entregar a excessos. Mas ser tão forte para se conter de um lado e ser sóbrio de outro é a marca de um homem de alma perfeita e invencível, como ele se mostrou durante a doença de Máximo.

| 17 |

Aos deuses, pois devo ter tido bons avós, bons pais, uma boa irmã, bons mestres, bons companheiros, bons parentes e amigos, quase tudo o que é bom. Devo aos deuses também o fato de nunca ter proferido ofensa contra eles, embora eu tivesse uma predisposição que, se a oportunidade se apresentasse, poderia me levar a fazer qualquer coisa desse tipo, mas pela intercessão dos deuses nunca ocorreu circunstância alguma que me pusesse à prova. Grato sou igualmente aos deuses por não ter sido criado durante muito tempo pela concubina de meu avô e por ter preservado minha inocência; grato também por não ter sido dominado pela ânsia de me tornar adulto, tendo até mesmo adiado esse tempo. Grato ainda me sinto por estar sob a tutela de um imperador e pai que não deixou que eu me enchesse de orgulho por causa de minha posição e que me fez compreender que é possível viver a vida na corte sem escoltas e guardas, sem roupas refinadas, sem tochas e estátuas e outros sinais de esplendor e magnificência; mas que está ao alcance de qualquer um levar um estilo de vida equivalente ao de um cidadão comum, sem por isso sentir-se diminuído ou tornar-se negligente naquelas questões de interesse público, em que poder e autoridade são necessários. Agradeço aos deuses por terem me dado um irmão[22] que, por seu caráter e exemplo, despertou em mim a vigilância sobre mim mesmo, ao mesmo tempo em que seu respeito e afeição me davam alento. Agradeço sempre aos deuses por ter tido filhos intelectualmente capazes e fisicamente normais. Devo aos deuses não ter sido tão competente no estudo da retórica, da poesia e de outras disciplinas, sobre as quais talvez tivesse me debruçado, se tivesse conseguido prosseguir nelas com sucesso. Foram os deuses que me inspiraram para que eu elevasse, logo que pudesse, meus tutores ao posto de honra que mereciam, sem adiar a questão, na esperança de fazê-lo no futuro, sob pretexto de que eram ainda muito jovens no momento. Aos deuses devo o fato de ter conhecido Apolônio, Rústico e Máximo. A eles devo ainda as claras e frequentes inspirações de uma vivência interior pautada na vida natural e do que é, em essência, essa vida, de modo que, a depender dos deuses, de seus dons, ajuda e inspiração, nada me impedia de conseguir atingir esse estado de vida natural; se ainda estou distante disso, é por minha culpa e por não ter seguido as admoestações dos deuses e, quase posso dizer, suas instruções diretas. Aos deuses devo também o fato de meu corpo ter resistido a esse tipo de vida por tanto tempo, de nunca ter me envolvido com uma Benedicta nem com uma Teodota, e de ter saído ileso de outras relações amorosas. E, embora Rústico e eu nos desentendêssemos por vezes, nunca lhe fiz nada de que depois tivesse de me arrepender. E devo ainda aos deuses o fato de minha mãe ter passado seus últimos anos de vida comigo, embora fosse seu destino morrer muito jovem. Sempre que eu desejava ajudar alguém necessitado, nunca me foi dito que não havia meios disponíveis para tanto; por outro lado, nunca me ocorreu de eu próprio estar necessitado e precisar de ajuda de outrem. Cumpre-me agradecer aos deuses pela esposa que tenho, tão obediente, tão amorosa e tão simples; por ter muitos e bons mestres para meus filhos; pelos remédios que me eram prescritos em sonhos, entre outros, aqueles apropriados contra escarros de sangue e contra tonturas, como aconteceu em Caieta e em Crisa. Sou grato ainda aos deuses, enfim, pelo fato de, em vista de minha inclinação para a filosofia, não ter caído nas mãos de nenhum sofista e de não ter perdido meu tempo preso a livros de autores de histórias ou envolvido na solução de silogismos ou ocupado em investigar o aparecimento de meteoros nos céus, pois todas essas coisas requerem a ajuda dos deuses e do destino.

Na região dos quados[23], à margem do rio Gran.

NOTAS
---

[1] Annius Verus, cônsul romano por três vezes e senador na época do imperador Vespasiano. (N.T.)

[2] Também chamado Annius Verus e que morreu quando Marco Aurélio era criança. (N.T.)

[3] Domitia Calvilla Lucilla, filha do cônsul romano Calvisius Tullus. (N.T.)

[4] Provavelmente por parte de mãe. (N.T.)

[5] Prasinus significa verde e venetus, azul; Prasini e Veneti designa a forma plural latina; esses termos indicavam a cor da roupa que os contendores ou adversários usavam nos jogos circenses. (N.T.)

[6] Parmularius era chamado o gladiador armado de parmula, pequeno escudo redondo e espada, enquanto o secutor lutava munido de rede, tridente e punhal; Parmularii e Secutores é a respectiva forma plural latina desses termos. (N.T.)

[7] Diognetus, pintor e filósofo, foi professor de pintura do menino e jovem Marco Aurélio; como adepto do estoicismo, Diogneto certamente passou alguns princípios dessa doutrina a seu aluno. (N.T.)

[8] Bacchius era um filósofo platônico; Tandasis e Marciano são desconhecidos. (N.T.)

MEDITAÇÕES

[9] Quintus Junius Rusticus foi o principal responsável por introduzir Marco Aurélio no estudo e na prática dos princípios do estoicismo. Professor, era descendente de Rústico que foi executado no ano 93, a mando do imperador Domiciano, por fazer parte de um grupo de estoicos que se opunha à tirania. (N.T.)

[10] Epictetus (ca. 55-ca. 135), escravo liberto por Nero, dava lições públicas de filosofia estoica, que seu discípulo e historiador Arriano (Flavius Arrianus) compilou em oito livros, dos quais somente quatro chegaram até nós. (N.T.)

[11] Natural da Calcedónia, transferiu-se para Roma a convite do imperador Antonino Pio (138-161) para ensinar filosofia ao jovem Marco Aurélio. (N.T.)

[12] Filósofo estoico, neto de Plutarco (ca. 50-125), escritor grego. (N.T.)

[13] Alexandre era um sofista, célebre por sua erudição, profundo conhecedor das obras de Homero, ensinava literatura a Marco Aurélio. (N.T.)

[14] Marcus Cornelius Fronto, famoso advogado e orador, ministrava lições de retórica a Marco Aurélio. Parte da correspondência entre Fronto e Marco Aurélio chegou até nós e nela transparecem aspectos do caráter do imperador, além da profunda admiração que nutria por seu mestre. (N.T.)

[15] Filósofo e orador, secretário do imperador no tocante a questões que exigissem conhecimento mais aprofundado da língua grega. (N.T.)

[16] Cinna Catulus era professor de filosofia e julga-se que seguisse os princípios da escola filosófica do estoicismo. (N.T.)

[17] Athenodotus era um estoico e talvez Domício (Domitius) também o fosse. (N.T.)

[18] Marco Aurélio não tinha irmãos. Talvez se trate do filósofo Claudius Severus, que Marco chama de irmão pela grande amizade que os une; talvez se refira a algum primo, cujo nome os registros da história não nos legaram; talvez relembre Gnaeus Claudius Severus Arabianus, cônsul romano no ano 146 e cujo filho se casou com uma das filhas de Marco Aurélio. (N.T.)

[19] Trata-se de personagens da história romana que se tornaram célebres por se oporem à tirania ou ditadura. Quase todos eles eram estoicos. Thrase Paetus foi obrigado por Nero a se suicidar; Helvidius Priscus foi executado a mando do imperador Vespasiano; seu filho, também chamado Helvidius, foi executado a mando do imperador Domiciano; Marcus Porcius Cato se suicidou para não se submeter a Júlio César; Brutus foi o assassino de Júlio César e se suicidou depois de derrotado por Otaviano; quanto a Díon, trata-se provavelmente do discípulo de Platão que depôs o tirano de Siracusa, Dionísio II. (N.T.)

[20] Cláudio Máximo era um filósofo estoico pelo qual, segundo o texto, Marco Aurélio tinha muito apreço. (N.T.)

[21] Não se trata do pai biológico, Annius Verus, que faleceu quando Marco Aurélio era criança, mas do pai adotivo, o imperador Titus Aelius Hadrianus Antoninus Pius, mais conhecido na historiografia como Antonino Pio e que regeu os destinos do império entre os anos 138 e 161. (N.T.)

[22] Lucius C. Commodus, que, ao ser adotado como filho por Antonino Pio, recebeu o nome de Lucius Verus (Lúcio Vero). Foi imperador romano junto com Marco Aurélio, até sua morte, ocorrida no ano 169. (N.T.)

[23] Marco Aurélio escreveu essa espécie de diário durante o período em que acompanhou o exército em campanha contra os quados, um antigo povo germânico. O quartel-general estava sediado às margens do rio Gran, hoje chamado Hornad, tributário do Danúbio na Eslováquia. (N.T.)

LIVRO

| 1 |

Comece o dia dizendo a si mesmo: "Hoje vou me encontrar com o intrometido, o ingrato, o arrogante, o enganador, o invejoso, o antissocial." Todos esses tipos subsistem por causa de sua ignorância sobre o que é o bem e o que é o mal. Mas eu, que vi a natureza do bem, que é belo, e do mal, que é feio, e a natureza daquele que faz o mal, que é meu semelhante, não apenas do mesmo sangue ou semente, mas que participa da mesma inteligência e da mesma porção da divindade, não posso, portanto, me sentir ofendido por nenhum deles, pois ninguém pode me envolver naquilo que é feio, nem posso ficar irritado com meu semelhante nem odiá-lo. De fato, fomos feitos para atuar em colaboração, como os pés, as mãos, as pálpebras, os dentes da arcada superior e da inferior. Então, agir uns contra os outros é contrário às leis da natureza; e agir uns contra os outros é fomentar o desgosto e a aversão.

| 2 |

Seja o que for que eu seja, não passo de um pouco de matéria e de respiração, e a parte que tudo rege, a razão. Jogue fora seus livros; não se distraia mais: não convém; mas como se estivesse à beira da morte, despreze a matéria, que não passa de sangue, ossos e uma rede, uma contextura de nervos, veias e artérias. Veja também a respiração, que tipo de coisa é; ar, e nem sempre o mesmo, mas a cada momento diferente com a inspiração e a expiração. Mas a terceira é a parte dominante; considere bem. Você já é um homem de idade, não deixe mais que ela (a razão) seja uma escrava; não a deixe mais ser puxada pelas cordas, qual marionete, em movimentos antissociais, não se mostre insatisfeito com sua sorte de hoje nem recue perante as oportunidades do amanhã.

| 3 |

Tudo o que vem dos deuses está impregnado de providência. Mesmo o que vem do acaso está ligado à natureza ou entrelaçado com os desígnios predispostos pela providência. Dela fluem todas as coisas e a ela está conectada a necessidade e tudo aquilo que contribui para o bem-estar do universo, do qual você faz parte. Mas, para qualquer parte da natureza, aquilo que a própria natureza oferece, e que a ajuda a subsistir, é bom. Ora, o universo é preservado tanto pelas mudanças dos elementos quanto pelas mudanças de coisas compostas de elementos. Que esses princípios lhe sejam suficientes e considere-os sempre como princípios basilares. Mas esqueça a sede de livros, para que não venha a morrer murmurando, mas verdadeiramente alegre e de coração agradecido aos deuses.

| 4 |

Lembre-se de quanto tempo você vem adiando essas coisas, de quantas vezes recebeu uma oportunidade dos deuses e não a aproveitou. Deve finalmente perceber de que universo você faz parte e de que administrador do universo sua existência descende; está na hora de compreender que um limite de tempo lhe foi fixado; se não o usar para dispersar as nuvens que encobrem sua mente, esse tempo passará e nunca mais vai voltar.

| 5 |

Pense com firmeza, a cada momento, como romano e como homem, fazer o que tem em mãos com dignidade perfeita e simples, com sentimento, com liberdade e justiça, e alivie seu espírito de todos os outros pensamentos. E isso poderá fazê-lo, se considerar cada ato de sua vida como se fosse o último, deixando de lado toda indiferença e aversão emocional aos comandos da razão, toda hipocrisia e amor-próprio, e descontentamento com o que lhe coube. Pode ver como são poucas as coisas de que o homem precisa para que sua vida flua calma e pacificamente, como a existência dos deuses, pois, da parte deles, os deuses nada mais exigirão daquele que observar esses princípios.

| 6 |

Como você age mal, como faz mal a si mesma, minha alma! Pouco tempo lhe resta e logo não poderá mais fazer justiça a si própria. Não mais que uma vida tem o homem! Mas ela está quase chegando ao fim e, no entanto, sua alma não se importa com a própria honra, mas coloca sua felicidade na alma dos outros.

| 7 |

Acaso as ocupações externas impedem sua concentração? Conceda-se então algum tempo para aprender algo novo e bom e tente acabar com sua confusão mental. Mas deve também evitar incorrer em outro erro, pois frívolos são também aqueles que desgastam sua vida numa atividade febril, não tendo em mente qualquer objetivo para todos os seus esforços, numa palavra, para todos os seus pensamentos.

| 8 |

Um homem, por não se importar com o que vai na alma do outro, dificilmente se sentirá infeliz; mas aqueles que não se importam com o que vai na sua própria, certamente são infelizes.

| 9 |

Deve ter sempre em mente o que é a natureza como um todo e o que é a própria natureza, como esta está relacionada àquela, que tipo de parte é de um todo tão amplo; tenha presente que não há ninguém que o impeça de sempre fazer e dizer as coisas que estão de acordo com a natureza da qual você faz parte.

| 10 |

Teofrasto[1], ao comparar os maus atos (na medida em que o senso comum das pessoas admite que podem ser comparados), afirma, como verdadeiro filósofo, que as ofensas cometidas pelo desejo são mais censuráveis do que aquelas cometidas por raiva. Porque, aquele que é incitado pela raiva parece afastar-se da razão com certo mal-estar e constrangimento inconsciente, enquanto aquele que ofende pelo desejo, sendo dominado pelo prazer, parece ser mais intemperante e mais feminino em suas ofensas. Com razão, então, e de maneira digna da filosofia, afirmava que a ofensa que dá prazer é mais censurável do que aquela que faz sofrer. Em resumo, o primeiro caso contempla a pessoa que primeiramente foi prejudicada e, pelo sofrimento, é compelida a ficar com raiva; mas no segundo caso, a pessoa é movida por seu impulso de fazer o mal, levada pela ânsia de satisfazer seu desejo.

| 11 |

Visto que é possível que você se retire da vida neste exato momento, regule todos os seus atos e pensamentos de acordo com essa possibilidade. Mas, se houver deuses, retirar-se da comunidade dos homens não é algo a temer, pois os deuses não vão permitir que lhe aconteça algum mal; mas se, de fato, eles não existem ou se não se preocupam com os assuntos dos homens, que sentido faz para mim viver num mundo desprovido de deuses ou desprovido da providência? Na verdade, porém, eles existem e se preocupam com as coisas deste mundo e puseram todos os meios à disposição do homem para não deixá-lo cair em males reais. E se houvesse algum mal em outras possíveis experiências, os deuses teriam providenciado igualmente, para que estivesse ao alcance do homem o poder de evitá-lo. Ora, o que não torna um homem pior, como pode piorar a vida do próprio homem? Não se pode pensar que a natureza do mundo tenha descurado isso por ignorância ou, com conhecimento de causa, não tivesse o poder de se proteger contra essas coisas ou de corrigi-las. Nem é possível que tenha cometido tamanho erro por falta de poder ou de habilidade, permitindo que o bem e o mal visite indiscriminadamente o bom e o mau. Mas certamente vida e morte, honra e desonra, dor e prazer, todas essas coisas acontecem igualmente a homens bons e maus, uma vez que elas não nos tornam nem melhores nem piores. Não são, portanto, nem boas nem más.

| 12 |

Com que rapidez todas as coisas desaparecem: os próprios corpos no universo e a lembrança deles no tempo. Qual é a natureza de todas as coisas sensíveis e particularmente daquelas que atraem com a isca do prazer ou aterrorizam pelo sofrimento ou são alardeadas pela fama? Como são inúteis, desprezíveis, sórdidas, perecíveis e mortas – tudo isso é parte da faculdade intelectual de observar. E deveríamos observar também aqueles que, por suas palavras e opiniões, auferem tanta reputação. E tentar compreender também o que é a morte. Se a contemplarmos em si mesma e, pelo poder abstrato da reflexão, eliminar todas as fantasias que a imaginação criou em torno dela, veremos que nada mais é do que um processo da natureza. E aquele que tem medo de um processo da natureza não passa de uma criança. Isso, no entanto, não é apenas uma operação da natureza, mas também uma coisa que contribui para os próprios fins da natureza. Podemos observar e aprender também como o homem se aproxima da divindade, com qual parte dele o faz e quando essa está assim disposta para esse contato com o divino.

| 13 |

Nada mais triste do que o homem que anda por toda parte, "espreitando até o que há debaixo da terra", como diz o poeta, e procura imaginar o que anda na mente de seus vizinhos, sem perceber que é suficiente apegar-se ao espírito divino que reside dentro dele e reverenciá-lo com toda a sinceridade. E essa reverência consiste em mantê-lo livre da paixão e da negligência, da insatisfação com o que vem dos deuses e dos homens. Porque as obras dos deuses merecem veneração por sua excelência; e as dos homens merecem nosso respeito em razão e em nome da fraternidade e, por vezes, chegam até mesmo a nos comover, por causa da ignorância dos homens a respeito do bem e do mal. Esse defeito não é menor do que aquele que nos priva da capacidade de distinguir o preto do branco.

| 14 |

Mesmo que lhe fosse dado viver três mil anos, e até mais de dez mil, ainda assim lembre-se de que nenhum homem perde outra vida senão a que está vivendo agora, nem vive outra senão a que perde agora. Isso significa que a mais longa e a mais curta vão dar no mesmo. Porque o presente é o mesmo para todos, embora o que perece não seja o mesmo. Assim, o que se perde é aquele breve momento, visto que ninguém pode perder o que já passou nem o que está por vir; de fato, como é que alguém pode ser privado daquilo que não tem? Deve-se ter em mente, portanto, duas coisas. Primeiro, que todas as coisas, desde o início dos tempos, têm formas semelhantes e giram em círculo, de tal modo que não faz diferença se um homem contemplar as mesmas coisas durante cem anos ou duzentos ou por um tempo sem fim. Segundo, que aquele que vive mais tempo e o que vive menos perdem, ao morrer, exatamente da mesma forma. Isso porque o presente é a única coisa de que um homem pode ser privado, se é verdade que esta é a única coisa que ele tem, e ninguém pode perder o que não tem.

| 15 |

Lembre-se de que tudo é opinião, pois o que foi dito pelo cínico Mônimo[2] é manifesto; óbvia também é a utilização da afirmação para quem a interpreta dentro dos limites da verdade que ela possa conter.

| 16 |

A alma se violenta a si mesma antes de tudo quando se torna um abscesso e, por assim dizer e se pudesse, um tumor no universo, porque revoltar-se contra qualquer coisa que acontece é rebelar-se contra a natureza, em alguma parte da qual a natureza de todas as outras coisas está incluída. Em segundo lugar, a alma se violenta a si mesma quando se afasta de todo semelhante ou mesmo quando se aproxima dele com a intenção de prejudicar, como fazem aqueles que se deixam dominar pela raiva. Em terceiro lugar, a alma se violenta a si mesma quando se rende ao prazer ou à dor. Em quarto lugar, quando age dissimuladamente e mostra falta de sinceridade ou falsidade em suas palavras e em seus atos. Em quinto lugar, quando se permite qualquer ato ou empenho sem objetivo e quando faz as coisas sem pensar e sem considerar para que fim, pois sabido é que mesmo a atividade mais insignificante deve ser feita com referência a um fim. E para os seres dotados de razão, o fim é seguir os ditames da razão e a lei da comunidade e da cidade.

| 17 |

Na vida do homem, o tempo é um mero momento, a substância está em fluxo contínuo, a percepção é embotada; a composição de todo o corpo sujeita à putrefação, a alma, um turbilhão; o destino, difícil de adivinhar, e a fama, uma coisa desprovida de julgamento. Em poucas palavras, tudo o que pertence ao corpo é uma torrente de água e o que pertence à alma, um sonho e vapores; a vida é uma guerra e uma breve permanência em terra estranha e, depois da fama, o esquecimento. O que é que é capaz então de conduzir um homem? Uma coisa e apenas uma, a filosofia. A filosofia ensina a manter o espírito divino puro e ileso dentro de si, eleva o ser humano acima de toda dor e de todo prazer, leva-o a não fazer nada sem objetivo, ou com falsidade e hipocrisia, a não se sentir preso às ações ou às omissões dos outros e, além disso, leva-o a aceitar tudo o que acontece e tudo o que é atribuído àquela fonte de onde ele próprio veio; e, finalmente, o leva a esperar a morte com a mente disposta, como nada mais do que a dissolução dos elementos de que todo ser vivo é composto. Mas se os próprios elementos não se danificam com a constante transformação em outro, por que se deveria olhar com apreensão a transformação e a dissolução do conjunto de todos os elementos? Isso é do próprio curso da natureza e em todo esse processo da natureza não há mal algum.

Escrito em Carnuntum[3].

NOTAS

[1] Teofrasto (ca. 372-ca. 288 a.C.), filósofo grego, sucessor de Aristóteles na direção da Escola Peripatética e considerado fundador da botânica; suas obras mais conhecidas são As causas das plantas e Caracteres; nesta última descreve perfis de tipos humanos. (N.T.)

[2] Mônimo de Siracusa (séc. IV a.C.), filósofo cínico, tornou-se famoso ao dizer que "tudo neste mundo é vaidade"; deixou dois livros: Sobre impulsos e Exortação à filosofia. (N.T.)

[3] Região da Panônia, hoje território da Áustria; a localidade mencionada como Carnuntum fica situada a leste da cidade de Viena, onde Marco Aurélio permaneceu aquartelado durante três anos, no comando das tropas que enfrentavam os marcomanos, povo germânico que ameaçava as fronteiras do império. (N.T.)

LIVRO III

| 1 |

Devemos considerar não apenas que nossa vida vai definhando dia após dia e que a parte remanescente vai ficando sempre menor, mas outra coisa também deve ser levada em conta, mesmo que os anos de vida de um homem se prolonguem, ou seja, que é bastante incerto que a capacidade de entendimento das coisas continue suficiente para a compreensão das coisas ou para reter o poder de contemplação que se empenha em adquirir o conhecimento do divino e do humano. O começo da velhice pode não apresentar qualquer deficiência na respiração e na alimentação, na imaginação e no apetite e em qualquer outra coisa que exista desse tipo, mas o poder de fazer uso das próprias faculdades e cumprir com correção o próprio dever, de distinguir claramente todas as aparências, de avaliar se é o momento de partir dessa vida e de tomar qualquer decisão que exija absolutamente uma razão disciplinada, tudo isso já está em franca decadência. Devemos, portanto, nos apressar, não apenas porque estamos cada dia mais perto da morte, mas também porque a percepção das coisas e sua compreensão são as primeiras a entrar em recessão.

| 2 |

Devemos observar também que, mesmo as coisas que seguem os processos de produção da natureza contêm algo agradável e atraente. Por exemplo, quando o pão é assado no forno, algumas partes da superfície se fendem, e essas partes que se abrem e apresentam certo aspecto contrário ao propósito da arte do padeiro, são de certa forma belas e, de modo peculiar, despertam o desejo de comer. E também os figos, quando estão bem maduros, se abrem; e nas azeitonas maduras, a própria circunstância de estarem perto de cair acrescenta uma beleza peculiar ao fruto. E as espigas curvadas do milhete, as rugas da testa do leão, a espuma pendente da boca do javali e muitas outras coisas, embora estejam longe de serem belas, se examinadas cuidadosamente, ainda assim, como decorrência de um processo próprio da natureza, ajudam a adornar a espécie e se tornam até atraentes. Assim, se um homem tiver sensibilidade e capacidade de compreensão mais profunda com relação às coisas que são produzidas no universo, dificilmente encontrará uma delas, mesmo que seja mera consequência de outra, que não lhe pareça estar disposta de maneira a dar prazer. E assim ele verá até mesmo as verdadeiras mandíbulas escancaradas de animais selvagens com não menos prazer do que aquelas que pintores e escultores mostram por imitação. E assim ele poderá ver, nos homens e nas mulheres de idade, certa maturidade e encanto; e haverá de contemplar com olhos castos a sedutora beleza dos jovens. Muitas dessas coisas não agradam a todos, mas apenas àqueles que se tornaram verdadeiramente familiarizados com a natureza e suas obras.

| 3 |

Hipócrates[1], depois de curar muitas pessoas doentes, ele próprio adoeceu e morreu. Os caldeus previram a morte de muitos e então o destino os apanhou também. Alexandre[2], Pompeu[3] e Caio César[4], depois de destruir completamente tantas vezes cidades inteiras e, em batalhas, massacrar milhares de soldados de cavalaria e de infantaria, eles também partiram finalmente desta vida. Heráclito[5], depois de tantas especulações sobre a destruição do mundo pelo fogo, foi a água que inflou seu corpo e ele morreu imerso na lama. Insetos destruíram Demócrito[6] e insetos de outro tipo mataram Sócrates[7]. O que significa tudo isso? Que você embarcou, fez a viagem, chegou ao porto, desembarcou. Eu, na verdade, na outra vida. Não há falta de deuses, mesmo no além. Mas se permanecer em estado de insensibilidade, ficará fora do alcance da dor e do prazer e de ser escravo dessa embarcação, tão infinitamente inferior ao que administra. Porque um é espírito e divindade; o outro é terra e corrupção.

4

Não desperdice o resto de sua vida pensando no que andam fazendo os outros, se não estiver pensando em algo que possa ser de utilidade para todos. Perde a oportunidade de fazer outra coisa quando fica se perguntando o que essa pessoa está fazendo e por quê, o que está dizendo, o que está pensando, o que está planejando e qualquer outra coisa. Isso nos desvia da observação de nossa própria força interior que nos governa. Devemos então verificar na série de nossos pensamentos tudo o que não tem propósito e é inútil, especialmente o que é de natureza indiscreta ou maligna. Um homem deve habituar-se a pensar apenas naquelas coisas que, se perguntado repentinamente, "Em que está pensando agora?", possa responder imediatamente, com plena franqueza, "Isso ou aquilo", deixando claro que tudo nele é simples e benevolente, como convém a um ser social, que não se compraz com pensamentos sobre prazeres ou fantasias sensuais, que não dá espaço para ciúme, inveja e suspeitas, ou qualquer outro sentimento pelo qual se envergonharia se o detectasse em si próprio. Um homem assim, decidido a estar desde já entre os melhores, é como um sacerdote e ministro dos deuses, usando também o poder divino que está enxertado dentro dele e que torna o homem incontaminado pelo prazer, incólume a qualquer dor, indiferente a qualquer insulto, avesso ao mal, um lutador na mais nobre das lutas, alguém que não pode ser vencido por nenhuma paixão, profundamente impregnado de justiça, aceitando com toda a alma tudo o que acontece e lhe é atribuído como sua porção; e raramente se perguntando o que os outros possam dizer, fazer ou pensar, a não ser em caso de grande necessidade e quando o interesse geral o exigir. Limita suas atividades unicamente ao que se refere a ele e pensa constantemente no que lhe é devido no conjunto de todas as coisas, fazendo com que seus atos sejam honestos, persuadido de que a porção que lhe toca é a melhor, pois leva consigo o destino que lhe é atribuído, destino que é seu guia. E tem presente também que todo ser racional é seu semelhante e que a preocupação para com todos os homens é própria da natureza humana; e tem consciência de que não deve se apegar à opinião de todos, mas somente daqueles que confessam viver de acordo com a natureza. Mas quanto aos que não vivem assim, sempre tem em mente que tipo de homens eles são em casa e fora de casa, tanto de dia como de noite, e na companhia de quem eles vivem sua vida desregrada. Assim, ele não dá qualquer valor aos elogios que vêm desses homens, pois eles não estão satisfeitos nem consigo mesmos.

| 5 |

Trabalhe com disposição, tendo em mente o interesse comum; trabalhe com a devida consideração, evitando a negligência; não deixe que o refinado ornamento adultere seus pensamentos e não seja homem de muitas palavras nem ocupado com coisas em demasia. Além disso, que a divindade que está dentro de você seja a guardiã de um ser vivo, viril e maduro, envolvido em assuntos políticos, um romano, um comandante, que assumiu seu posto como homem à espera do sinal de convocação da vida, pronto para partir, não necessitando de juramento nem de testemunho de outros. Seja alegre, bem disposto, e não procure ajuda externa nem a tranquilidade que os outros dão. Um homem deve saber manter-se de pé e não ser mantido de pé pelos outros.

| 6 |

Se puder encontrar na vida humana algo melhor do que a justiça, a verdade, a temperança, a fortaleza e, numa palavra, algo melhor do que a autossatisfação da própria mente nas coisas que ela o capacita fazer de acordo com a reta razão e nas condições que lhe são oferecidas sem sua escolha; se, digo-lhe, se deparar com algo melhor do que isso, aproveite-o com toda a sua alma e desfrute daquilo que achou ser o melhor. Mas se nada parece melhor do que a divindade que mora em seu íntimo, que submeteu todos os seus apetites, que examina cuidadosamente todas as impressões e, como disse Sócrates, que se desvincula das persuasões dos sentidos, que confessa fidelidade aos deuses e se preocupa com a humanidade; se achar todo o resto inferior e de menor valor, então não dê lugar a mais nada, pois, se uma vez hesitar e se inclinar para isso, não poderá mais sem distração dar preferência ao que já era seu modo de vida por livre escolha. Não é certo que algo de qualquer outro tipo, como os aplausos da multidão, o poder, a alegria do prazer, deva entrar em competição com o que é racional e politicamente (ou praticamente) bom. Todas essas coisas, mesmo que pareçam se adaptar às melhores em certo grau, logo obtêm a primazia e desequilibram o homem. Mas, digo-lhe, escolha simples e livremente o melhor, e mantenha-o. "Mas o que é útil é melhor para mim?", pode se perguntar. Bem, se for útil para você como ser racional, mantenha-o; mas se o for apenas como animal, diga-o claramente e mantenha seu ponto de vista sem arrogância: procure ter certeza apenas de que ponderou a questão com acuidade.

| 7 |

Nunca valorize algo como vantajoso, se o induzir a romper a promessa, a perder o respeito por si próprio, a odiar, a suspeitar, a amaldiçoar, a agir como hipócrita, a desejar qualquer coisa que tenha paredes e cortinas para se esconder. Aquele que preferiu a tudo seu próprio espírito e a divindade que traz dentro de si e adoração à excelência dela, não age de modo trágico, não geme, não precisa de solidão nem de muita companhia; e, o que é mais importante de tudo, viverá sem perseguir ou fugir da morte. Tampouco se preocupa se haverá de ficar com a alma encerrada em seu corpo por muito ou pouco tempo, pois mesmo que tivesse de partir imediatamente, iria tão prontamente como se fosse fazer qualquer outra coisa que pode ser feita com decência e tranquilidade. Sua única preocupação na vida é que seus pensamentos não se desviem em nada daquilo que é próprio de um ser racional e de um membro de uma sociedade civil.

| 8 |

Na mente daquele que é disciplinado e purificado, não encontrará matéria corrupta, nem impureza, nem qualquer ferida supurante. Tampouco sua vida fica incompleta quando o destino o surpreender, como se pode dizer de um ator que deixa o palco no meio da representação e antes de terminar a peça. Além disso, não há nele nada de servil, de afetado, de muito dependente dos outros nem de isolado deles, nada mostra que seja digno de censura nem procura lugar para se esconder.

| 9 |

Reverencie a faculdade que tem de emitir opiniões. Dessa faculdade depende inteiramente a existência, em seu íntimo regulador, da possibilidade de emitir opiniões em desacordo com a natureza e com a constituição de um ser racional. E essa faculdade lhe permite evitar julgamentos apressados, manter bom relacionamento com os outros e submissão à vontade dos deuses.

| 10 |

Renuncie a todas as coisas e conserve apenas estas, que são poucas. Acima de tudo, tenha em mente que todo homem vive apenas esse tempo presente, que é um ponto indivisível, e que todo o resto de sua vida é passado ou é incerto. Breve, portanto, é o tempo que todo homem vive, e diminuto o recanto da terra onde vive; e breve também é a mais duradoura fama póstuma; e mesmo essa só persiste durante uma sucessão de pobres seres humanos que morrerão logo a seguir, que não se conhecem bem nem a si mesmos e muito menos ainda aquele que já morreu há muito tempo.

| 11 |

Aos pensamentos apenas mencionados, acrescente mais este. Procure para si mesmo uma definição ou uma descrição de um objeto que lhe é apresentado, de modo que possa distinguir que espécie de coisa é em sua essência, em sua nudez, em sua totalidade, e identifique o que é o próprio objeto, bem como os elementos de que é composto e em que irá novamente se dissolver. Nada há de mais produtivo para a elevação da mente do que essa capacidade de examinar metódica e verdadeiramente cada objeto que se apresenta no decorrer da vida, e determinar ao mesmo tempo em que âmbito deve ser classificado, qual a sua finalidade em termos de uso, qual o valor que possui com relação ao universo e qual o valor com relação ao homem, como cidadão da cidade suprema, da qual todas as outras cidades são como famílias; o que cada coisa é, do que é composta, quanto tempo deve perdurar essa coisa que ora me impressiona e de que qualidade devo me revestir com relação a ela: gentileza, humanidade, verdade, fidelidade, simplicidade, contentamento ou alguma outra. Em todas as ocasiões, portanto, o homem deve dizer: Isso vem de Deus; isso é uma partilha ou o entrelaçamento dos fios do destino, coincidência ou acaso; isso é algo que provém da mesma linhagem, de parente e parceiro, de alguém que não sabe, contudo, o que a natureza requer dele. Mas eu sei; por essa razão me comporto com ele de acordo com a lei natural da fraternidade, com benevolência e justiça. Ao mesmo tempo, porém, em coisas indiferentes, tente determinar o valor de cada um.

| 12 |

Se você trabalha naquilo que tem diante de si, seguindo a reta razão com seriedade, vigor e calma, sem permitir que nada mais o distraia, mas mantendo pura sua parte divina, como se tivesse de devolvê-la imediatamente, se a isso se apegar firmemente, sem nada esperar, sem nada temer, mas satisfeito com a atividade atual em conformidade com a natureza e com verdade intrépida em cada palavra e som que proferir, então viverá feliz. E nesse caminho, não há ninguém que possa detê-lo.

| 13 |

Assim como os médicos têm sempre seus instrumentos e bisturis prontos para casos urgentes em que sua habilidade é requerida, assim você também deve ter princípios prontos para entender as coisas divinas e humanas e para fazer tudo, mesmo nos mais insignificantes dos atos, lembrando o vínculo que une intimamente o divino e o humano. Porque nada de humano pode ser bem feito sem referência, ao mesmo tempo, ao divino; e vice-versa.

| 14 |

Não se iluda, pois não terá mais como ler suas memórias, nem os feitos dos antigos romanos e gregos nem a seleção de livros que guardou para sua velhice. Prepare-se então para o fim que tem diante de si e, afastando esperanças vãs, zele pelo que melhor lhe convier, se realmente se importa consigo mesmo, enquanto ainda pode.

| 15 |

Eles não sabem tudo o que significam as palavras roubar, semear, comprar, calar, ver o que deve ser feito; isso não é percebido pelos olhos, mas por outro tipo de visão.

■ MEDITAÇÕES

| 16 |

Corpo, alma e mente: o corpo responde pelas sensações, a alma pelas emoções, a mente pelos princípios. Receber as impressões das formas por meio das aparências é próprio também dos animais; não há animal selvagem, homem que se assume como mulher, um insensível Phalaris[8] ou Nero[9] que não siga os impulsos do instinto; e ter a mente que guia a coisas adequadas é próprio também daqueles que não acreditam nos deuses, que traem sua pátria e que praticam inomináveis ações por detrás de portas fechadas. Se então todo o resto é comum a todos que mencionei, ao homem bom cabe aceitar de bom grado o que acontece, contentar-se com isso e com o que o destino lhe reservou, recusando-se a manchar a divindade que reside em seu peito e a perturbá-la com uma multidão de imagens, mas mantê-la tranquila, seguindo-a obedientemente como a um deus, sem proferir nada contrário à verdade, nem fazer nada contrário à justiça. Mesmo que todos os homens se recusem a acreditar que ele vive uma vida simples, modesta e feliz, ele não se irrita com ninguém nem se desvia do caminho que o conduz ao fim da vida, onde o homem deve chegar puro, tranquilo, pronto para partir, sem se sentir coagido e perfeitamente satisfeito com sua sorte.

────────── NOTAS ──────────

[1] Hipócrates (460-377 a.C.), famoso médico da Antiguidade, considerado o pai da medicina. Deixou notável obra, reunida sob o título de Corpus Hippocraticum. (N.T.)

[2] Referência a Alexandre Magno (356-323 a.C.), rei da Macedônia, que, com suas sucessivas conquistas, em pouco tempo se tornou senhor do mundo oriental da época, que ia da Grécia e Egito até a Índia. (N.T.)

[3] Cnaeus Pompeius Magnus, conhecido na história como Pompeu, o Grande (106-48 a.C.), general e político romano, celebrizou-se por suas vitórias no norte da África e em todo o Oriente próximo, conquistando novos territórios ou subjugando insurreições. Aliado de Júlio

César na tomada do poder em Roma, depois adversário declarado, fugiu para o Egito, onde foi assassinado. (N.T.)

4 Referência a Caio Júlio César (101-44 a.C.), estadista romano, grande general de exército, conquistador da Gália (atual França), tomou o poder em Roma, subjugando os adversários ou revoltosos em todo o território do império, especialmente na Espanha e no Egito. (N.T.)

5 Heráclito de Éfeso (550-480 a.C.), filósofo grego; sua filosofia se funda na tese de que o universo é uma eterna transformação, em que os contrários se equilibram. Sustentava também que a forma primitiva de toda a matéria é o fogo. Os estoicos se basearam nas teorias dele para fundamentar sua doutrina sobre a conflagração do universo. (N.T.)

6 Demócrito (ca. 460-ca. 370 a.C.), filósofo grego; defendia a tese de que a natureza é composta de vazio e de átomos, partículas materiais indivisíveis, eternas e invariáveis. "Nada nasce do nada", dizia ele, e tudo se encadeia. Os corpos nascem da combinação de átomos e desaparecem pela separação dos átomos. Não há registro na história sobre o tipo de morte que Marco Aurélio atribui ao filósofo. (N.T.)

7 Sócrates (470-399 a.C.), filósofo grego que não deixou nenhuma obra escrita; suas teses filosóficas se tornaram conhecidas graças a seu discípulo Platão, que as resumiu e as transmitiu em suas obras. Quanto "aos insetos que mataram Sócrates", talvez Marco Aurélio se refira aos três delatores que acusaram Sócrates de ateísmo e de corrupção dos jovens; por essas acusações, Sócrates foi condenado à morte e forçado a tomar veneno. (N.T.)

8 Phalaris (ou Faláris, em grafia aportuguesada) foi um tirano que governou Acragas (hoje Agrigento, na Sicília, Itália) entre 570 e 554 a.C. Celebrizou-se por sua extrema e desumana crueldade. Diz a lenda que queimava seus prisioneiros vivos dentro de um touro de bronze. (N.T.)

9 Lucius Domitius Claudius Nero (37-68), imperador romano entre 54 e 68. Os cinco primeiros anos de seu governo foram tranquilos, pois se havia cercado de bons conselheiros, entre os quais o filósofo Sêneca. Depois decaiu, tornando-se cruel ditador, chegando a mandar matar a própria mãe, além de outros próximos a ele e obrigou Sêneca a se suicidar. Abandonado por todos, tentou fugir de Roma e se suicidou nos arredores da cidade. (N.T.)

LIVRO IV

| 1 |

Se a energia que nos rege em nosso íntimo estiver em conformidade com a natureza, ela sempre se adapta facilmente ao que se lhe apresenta e ao que tem a possibilidade de fazer. Não requer nenhum material definido, mas se move em direção a seu propósito, sob certas condições, no entanto; transforma o que se opõe a ela em material para seu uso, como o fogo que, tomando conta do que cair nele, estivesse reduzido a uma pequena chama quase extinta; mas essa chama logo se alimenta da matéria posta sobre ela, a consome e o fogo se reaviva por meio dessa matéria.

| 2 |

Não faça nada precipitadamente e ao acaso ou sem ter em mente os princípios que regem a arte.

| 3 |

Os homens procuram a solidão, casas no campo, praias e montanhas; e você também costuma desejar ardentemente essas coisas. Mas isso é próprio do tipo mais comum de homem, pois está em seu poder recolher-se em si mesmo, sempre que quiser. Não existe refúgio mais tranquilo e pacífico para o homem do que recolher-se na própria alma, especialmente quando tem dentro de si pensamentos tais que, ao acalentá-los, se assegura imediatamente perfeita tranquilidade; e a tranquilidade nada mais é do que o bom ordenamento da mente. Recolha-se constantemente nesse retiro, renove-se a si mesmo. Tenha princípios breves e fundamentais que, ao recorrer a eles, lhe serão suficientes para purificar completamente a alma e fazê-lo retornar, livre de todo descontentamento, para os deveres que tem de retomar. Com que é que está descontente? Com a maldade dos homens?

Lembre-se desse ensinamento que diz que os seres racionais existem uns para os outros, que a tolerância é parte da justiça e que os homens erram involuntariamente. Pense em quantos, depois de inimizades, suspeitas, ódios e brigas, já morreram e foram reduzidos a cinzas. Tranquilize-se, pois. Mas talvez esteja insatisfeito com aquilo que lhe coube no universo. Recorde e tenha presente essa alternativa: ou há uma providência ou um conjunto de átomos. Ora, lembre-se dos argumentos pelos quais foi provado que o mundo é uma espécie de comunidade política. Mas talvez sejam os males do corpo que o deixam intranquilo. Pense então que a mente só precisa se isolar e descobrir o próprio poder, para não ser influenciada pelos movimentos da respiração, sejam eles suaves ou violentos. Pense também em tudo o que aprendeu e com que concordou sobre dor e prazer. Mas talvez seja o desejo da coisa chamada fama que o atormenta. Veja como tudo é esquecido rapidamente, considere o infinito abismo do tempo, que já passou e que está por vir, e o vazio dos aplausos, a mutabilidade e falta de discernimento daqueles que se dispõem a nos elogiar, e o espaço insignificante em que circulam esses louvores. Isso porque a terra inteira é apenas um ponto e como são poucos os que habitam nela; além do mais, que tipo de pessoas são aquelas que vão louvá-lo? Nada mais lhe resta senão se retirar para esse pequeno território que é seu e, acima de tudo, não se distraia ou se desgaste, mas seja dono de si e enfrente a vida como homem, como ser humano, como cidadão, como mortal. Mas entre as coisas que tem à mão, para as quais deve se voltar, estão estas duas. Uma é que as coisas não atingem a alma, pois são externas a ela e permanecem imóveis, de modo que nossas perturbações se originam de fantasias interiores. A outra é que todas essas coisas visíveis mudam de repente e deixam de existir. Tenha constantemente em mente quantas dessas mudanças você presenciou. O universo é transformação; a vida é opinião.

| 4 |

Se nossa parte intelectual é comum, também é comum a razão, em relação à qual somos seres racionais. Se assim é, comum também é a razão que nos ordena o que fazer e o que não fazer. Sendo assim, há também uma lei comum; e se assim é, somos todos concidadãos.

Sendo assim, somos membros de uma comunidade política; se assim é, o mundo é, de certa forma, um Estado. De fato, haveria outra comunidade política, comum a todos, que pudesse ser atribuída a toda a raça humana? E é daí, dessa comunidade política comum que derivam também nossa faculdade intelectual ou espírito, nossa faculdade de raciocinar ou razão e nossa capacidade de legislar ou a própria lei. Se assim não fosse, de onde derivariam? Assim como minha parte terrena é uma porção que me foi dada da terra, a porção aquosa provém de outro elemento e a porção quente e ígnea provém de alguma fonte peculiar (pois nada vem do nada, como nada pode retornar à inexistência), assim também a parte intelectual ou o espírito deve ter alguma origem.

| 5 |

A morte, como a geração, é um mistério da sabedoria da natureza; uma mistura de elementos que se desfaz e se reduz aos mesmos elementos de origem, uma coisa de que homem algum deve se envergonhar, pois não é contrária à natureza de um ser racional nem contrária à razão primordial de nossa constituição.

| 6 |

É natural que certas pessoas se comportem desse ou daquele modo; se alguém desejar que as coisas sejam ou aconteçam de outra maneira é como desejar que a figueira cresça sem seiva. Em todo caso, tenha em mente que, dentro de bem pouco tempo, ambos, você e ele, estarão mortos e seus nomes serão rapidamente esquecidos.

| 7 |

Retire sua opinião, e então a reclamação "Fui prejudicado" não subsistirá. Retire a queixa "Fui prejudicado", e o mal será removido.

| 8 |

O que não torna o homem pior do que era, também não torna sua vida pior, nem pode lhe causar qualquer dano exterior ou interior.

| 9 |

A natureza do que é universalmente útil exigiu que isso fosse feito.

| 10 |

Tudo o que acontece, acontece de forma correta e, se observar atentamente, verá que é verdade. Não o digo somente com relação à sucessão dos acontecimentos, mas com relação ao que é justo, como se alguém atribuísse a cada coisa seu devido valor. Atente para isso, como sempre o fez. E tudo o que vier a fazer, faça-o sempre com bondade; com bondade, no verdadeiro sentido da palavra. Tenha isso em mente em cada uma de suas ações.

| 11 |

Não compartilhe as opiniões daqueles que lhe fazem mal ou aquelas que eles desejam que tenha, mas analise-as como são à luz da verdade.

| 12 |

Duas regras o homem deve estar sempre pronto a seguir. A primeira, fazer somente aquilo que a razão, faculdade que legisla e comanda, pode sugerir para o bem-estar de todos; a segunda, mudar de opinião, se houver alguém presente que o corrija e o convença de equívoco em seu julgamento. Mas essa mudança de opinião deve proceder da certeza de que isso é justo e favorece o bem comum, e não porque agrada ou lhe traz reputação.

| 13 |

Você tem a faculdade da razão? – Tenho. – Então por que não a usa? – Se a razão desempenha seu papel, que mais pode querer?

| 14 |

Você existe como parte de um todo e vai desaparecer naquilo que lhe deu vida, melhor, vai ser recebido de volta no princípio criador por transmutação.

| 15 |

Muitos grãos de incenso caem sobre o mesmo altar: um cai antes, outro depois; mas isso não faz diferença.

| 16 |

Dentro de dez dias você haverá de parecer um deus para aqueles que agora o consideram nada mais que um animal qualquer, um macaco, se retornar a seus princípios e ao culto da razão.

| 17 |

Não aja como se fosse viver dez mil anos. A morte paira sobre sua cabeça. Enquanto viver e enquanto puder, seja bom.

| 18 |

Quantos problemas evita aquele que não se interessa em saber o que o vizinho está dizendo, fazendo ou pensando, mas cuida apenas do que ele próprio faz, de modo que seus atos sejam revestidos de justiça e de bondade. Ou, como diz Agatão[1], não fique à espreita dos erros dos outros, mas siga rigorosamente seu caminho, sem se desviar dele.

| 19 |

Aquele que nutre veemente desejo de fama depois da morte não pensa que todos aqueles que se lembram dele também morrerão muito em breve; depois, mesmo para aqueles que sucederam a esses últimos, e para outros depois deles, a lembrança vai paulatinamente se extinguindo, pois é transmitida por homens que tolamente admiram e também perecem. Mas mesmo supondo que aqueles que o recordam sejam imortais, e a lembrança deles também imortal, o que isso representa para você? E não estou me referindo agora aos mortos, mas o que isso representa para os vivos? O que é o elogio, se não tiver alguma utilidade? Está, portanto, rejeitando intempestivamente a dádiva da natureza, agarrando-se a outra coisa...

| 20 |

Tudo o que é belo de alguma forma é belo em si mesmo e sua beleza se encerra em si, não precisando do elogio como parte integrante.

Nada fica pior nem melhor em decorrência do elogio. Afirmo isso também das coisas que são chamadas belas pelo povo em geral, por exemplo, coisas materiais e obras de arte. O que é realmente belo não precisa de nada, como a lei, como a verdade, a benevolência ou a modéstia. Qual dessas coisas é bela porque é elogiada, ou feia porque é criticada? Uma esmeralda perde a beleza, se não for elogiada? Ou o ouro, o marfim, a púrpura, uma lira, uma faca, uma flor, um arbusto?

| 21 |

Se as almas continuam a existir, como é que o ar as contém desde a eternidade? Mas como a terra contém os corpos daqueles que foram enterrados desde tempos tão remotos? Na realidade, como aqui a mutação desses corpos após certo período, qualquer que seja, e sua dissolução abrem espaço para outros corpos mortos, assim também as almas que são transferidas para o ar, depois de subsistirem ali por algum tempo são transmutadas e disseminadas, assumindo então uma natureza ígnea ao serem reconduzidas ao interior do princípio criador do universo; e assim se abre espaço para as novas almas que ali chegam. Essa é a resposta que um homem pode dar na hipótese da sobrevivência das almas. Além do mais, não devemos pensar apenas no número de corpos que são enterrados dessa maneira, mas também no número de animais que são devorados diariamente por nós mesmos e por outros animais. Quantos são consumidos e, de certa forma, enterrados nos corpos daqueles que se alimentam deles! E, no entanto, essa terra os recebe em razão da mudança em sangue e da transformação em ar ou fogo. De que modo foi descoberta a verdade de tudo isso? Pela clara distinção entre o que é matéria e o que é causa.

| 22 |

Não ande se perturbando por qualquer coisa, mas em cada decisão cuide para o que requer a justiça; e em cada impressão, verifique antes se corresponde à realidade.

| 23 |

Tudo o que é harmonioso para ti, ó Universo, se harmoniza comigo. Nada pra mim é muito cedo ou muito tarde, se para ti for a tempo. Tudo o que tuas estações produzem, ó Natureza, é fruto para mim. De ti vêm todas as coisas e em ti e para ti todas elas retornam. O poeta diz: "Querida cidade de Cecrops!"[2]. Por que não dizer "Querida cidade de Zeus"?

| 24 |

Ocupe-se com poucas coisas, diz o filósofo, se quiser ficar tranquilo. Mas pense se não seria melhor dizer: "Faça o que é necessário e tudo o que a razão de um ser, que é naturalmente social, requer e como requer". Isso traz não só a tranquilidade que decorre de fazer poucas coisas, mas também de fazê-las bem. Como a maior parte do que dizemos e fazemos é desnecessário, se um homem abandonar isso, terá mais lazer e menos aborrecimentos. Por isso, em todas as ocasiões, o homem deve se perguntar: "Será que esta é uma das coisas desnecessárias?" Mais ainda, o homem deve eliminar não apenas atos desnecessários, mas também pensamentos desnecessários, pois assim não se realização atos supérfluos.

| 25 |

Tente viver a vida de um homem bom, a vida de quem está satisfeito com a parte que lhe coube no mundo, satisfeito com os próprios atos justos e sempre com benevolente disposição.

| 26 |

Viu aquilo? Agora, atente para isso. Não se perturbe. Procure ser simples. Alguém age de forma errada? É para si mesmo que faz o mal. Aconteceu alguma coisa com você? Bem, tudo o que lhe acontece foi lhe dado, desde o início dos tempos, como quinhão que lhe cabe de todo o universo. Numa palavra, a vida é curta. Aproveite, portanto, do momento presente, seguindo os ditames da razão e da justiça. Não ceda em nada, mas seja comedido.

| 27 |

Ou é um universo bem organizado ou um caos mais que desordenado, mas ainda assim é um universo. Será que pode subsistir em você certa ordem e a desordem no todo? E isso também quando todas as coisas são convergentes, apesar de tão separadas e dispersas?

| 28 |

Um personagem negro, um personagem feminino, um personagem obstinado, bestial, infantil, animal, estúpido, falsificado, grosseiro, fraudulento, tirânico.

| 29 |

Se é um estranho ao universo quem não sabe o que está no próprio universo, não menos estranho é quem não sabe o que está acontecendo nele. Esse indivíduo é um fugitivo, que foge da razão social; é um cego que fecha os olhos ao entendimento; um pobre que tem necessidade de outro e não tem recursos para a própria sobrevivência. É um abcesso no universo, que se retira e se separa da razão de nossa natureza comum por não aceitar o que lhe coube no mundo, que, no fundo, é um produto da mesma natureza que produziu também você. Ele é um membro decepado do Estado, que arranca a própria alma da alma comum dos seres racionais.

| 30 |

Um é filósofo sem túnica[3] e o outro, sem livros: outro ainda, seminu, que diz: "Pão, eu não tenho, mesmo assim sigo a razão". De minha parte, também não consigo os meios de viver de meu aprendizado! Mas permaneço fiel à minha razão.

| 31 |

Ame a arte que aprendeu, por mais pobre que seja, e contente-se com ela. Procure passar o resto da vida como quem confiou aos deuses, com toda a sua alma, tudo o que tem e que, portanto, não é senhor nem escravo de ninguém.

| 32 |

Pense, por exemplo, nos tempos de Vespasiano[4]. Verá todas essas coisas: pessoas casando, criando filhos, adoecendo, morrendo, guerreando, festejando, negociando, cultivando a terra, tagarelando, obstinadamente arrogantes, desconfiando, tramando, desejando a morte de alguém, amaldiçoando o presente, amando, acumulando tesouros, desejando consulado, poder real. Bem, a vida dessas pessoas não existe mais. Ou remonte até os tempos de Trajano[5]. De novo, a mesma coisa. E essa vida também se foi. De igual modo, lance o olhar sobre outras épocas e outros povos, e repare como todos eles, depois de ferrenhas lutas, caíram e se dissolveram nos elementos. Mas, acima de tudo, pense naqueles que chegou até mesmo a conhecer e que se entregaram a coisas inúteis, negligenciando fazer o que estava de acordo com sua natureza e apegando-se firmemente a futilidades e com elas se contentando. Cumpre relembrar aqui que a atenção dada a cada coisa tem seu valor, proporcional a cada uma dessas coisas. Assim, não ficará insatisfeito, se dedicar a assuntos menores não mais do que é exigido e adequado.

| 33 |

Palavras que outrora eram familiares, hoje estão em desuso. Assim também os nomes daqueles que eram famosos em outros tempos, agora são de certa forma antiquados: Camilo, Caeso, Voleso, Leonato, e um pouco depois também Cipião e Catão, depois Augusto, depois também Adriano e Antonino. Todas as coisas logo passam e se tornam mera lenda e o completo esquecimento logo as enterra. E digo isso daqueles que brilharam de maneira esplendorosa. Quanto aos demais, assim que expiram, eles se vão e ninguém mais fala deles. E, para concluir, o que é mesmo uma lembrança eterna? Um mero nada. A que então devemos empregar nossos mais sérios esforços? Somente a isso: pensamentos justos, atos sociais, palavras que nunca mentem e uma disposição que aceita de bom grado tudo o que acontece, como necessário, como usual e que emana de fundamento e princípio único.

| 34 |

Entregue-se a Cloto[6] de bom grado e deixe-a tecer seu fio da maneira que ela quiser.

| 35 |

Tudo é apenas por um dia, tanto o que lembra como o que é lembrado.

| 36 |

Observe constantemente que todas as coisas acontecem por mudança, e acostume-se a ver que a mais bela arte da natureza de todo o universo consiste em mudar as coisas que existem e fazer outras novas, semelhantes a elas. Tudo o que existe é, de certa forma, a semente do que será. Mas se estiver pensando apenas em sementes que são lançadas na terra ou num útero, está se apegando a uma noção muito vulgar.

| 37 |

Em breve irá morrer, e ainda não é simples, nem livre de perturbações, nem sem suspeita de ser acometido por algum mal, nem bondoso para com todos; nem está convencido de que agir com justiça é a verdadeira sabedoria.

| 38 |

Examine os princípios que guiam os homens, mesmo os sábios, e que tipo de coisas eles evitam ou buscam.

| 39 |

O mal para você não procede da mente de outra pessoa, tampouco de qualquer fase ou mutação da estrutura corporal que você tem. De onde vem, então? Dessa sua parte que tem o poder de opinar sobre o que é mau. Se esse poder deixar de opinar, tudo ficará bem. E se o pobre corpo, tão próximo dele, ficar machucado, queimado, cheio de feridas e podridão, sufoque essa parte que emite opiniões; que não julgue nada mau ou bom, se isso pode acontecer igualmente ao homem mau e ao bom. Porque o que acontece igualmente a quem vive contra as leis da natureza e a quem vive de acordo com elas não é nem contrário à natureza nem em conformidade com ela.

| 40 |

Considere sempre o universo como um organismo vivo, com uma substância e uma alma; e observe como todas as coisas estão sujeitas à percepção desse organismo vivo, e como todas são movidas por um só impulso e como todas elas são as causas cooperantes de tudo o que existe. Observe também o entrelaçamento contínuo dos fios e textura da tela.

| 41 |

Você é "uma pequena alma que carrega consigo um cadáver", como costumava dizer Epicteto[7].

| 42 |

Não é nenhum mal sofrer um processo de mudança, como não é nenhum bem subsistir como consequência de uma mudança.

| 43 |

O tempo é como um rio, feito de eventos que se sucedem como numa célere torrente, pois uma coisa mal aparece, que logo desaparece; e outra surge em seu lugar para, em seguida, sumir.

| 44 |

Tudo o que acontece é tão normal e conhecido como a rosa na primavera e o fruto no verão; é o que ocorre com a doença, a morte, a calúnia, a traição e com todas as outras coisas que deliciam ou aborrecem os tolos.

| 45 |

Na sequência de coisas, as que se seguem são sempre apropriadamente ajustadas às que as precederam: de fato, uma série dessas não é mera enumeração de coisas desconjuntadas, que apresenta somente uma sequência necessária, mas é uma conexão racional: e como todas as coisas existentes são ordenadas harmoniosamente e juntas, as coisas que vêm à existência exibem não mera sucessão, mas certa maravilhosa concatenação.

| 46 |

Lembre-se sempre do ditado de Heráclito[8] que "a morte da terra é tornar-se água, a morte da água é tornar-se ar, a morte do ar é tornar-se fogo, e assim sucessivamente, repetindo os ciclos". E pense também naquele que se esquece para onde o caminho leva; pense também que os homens brigam com aquela com que estão mais intimamente em comunhão, a razão que rege o universo; pense nas coisas que eles encontram diariamente e que lhes parecem estranhas. E ainda, lembre-se de que não devemos agir e falar como se estivéssemos dormindo, pois mesmo durante o sono imaginamos agir e falar; e que não devemos, como crianças que aprendem com seus pais, simplesmente agir e falar como nos ensinaram.

| 47 |

Se um deus lhe dissesse que você vai morrer amanhã, ou certamente depois de amanhã, não lhe importaria muito se fosse no terceiro dia ou amanhã, a menos que você fosse o mais desprezível dos homens, pois, que diferença faz? De igual modo, não pense que tenha muita importância saber se deve morrer daqui a muitos anos ou já amanhã.

| 48 |

Pense continuamente no grande número de médicos já mortos, que muitas vezes franziam as sobrancelhas diante das doenças que acometiam seus pacientes, em quantos astrólogos que prediziam com grande pretensão a morte de outros, em quantos filósofos com seus intermináveis discursos sobre a morte e a imortalidade; em quantos heróis que matavam aos milhares; em quantos tiranos que usavam de seu poder sobre a vida dos homens com terrível insolência, como se eles próprios fossem imortais; em quantas cidades inteiramente mortas, por assim dizer, como Hélice, Pompeia e Herculano[9], e inúmeras outras. Adicione a essa conta todos os seus conhecidos, um após outro. Um, depois de enterrar outro, acabou morrendo e sendo sepultado por um terceiro; e tudo isso num curto espaço de tempo. Para concluir, observe sempre como a vida humana é efêmera e sem valor, e o que ontem era um pouco de muco, amanhã será uma múmia ou cinzas. Passe então por esse breve espaço de tempo em conformidade com a natureza e termine sua jornada contente, como uma azeitona que cai quando está madura, bendizendo a natureza que a produziu e agradecendo a árvore que lhe deu vida.

| 49 |

Seja como o promontório contra o qual as ondas quebram continuamente, mas que permanece firme e doma a fúria das águas em torno dele. "Como me sinto infeliz! Por que isso devia acontecer comigo?" Não é bem assim, diga antes: "Como me sinto feliz, embora isso tenha acontecido comigo, porque continuo livre de sofrimento e dor, sem ter sido esmagado pelo presente e sem ter medo do futuro". Algo desse tipo poderia ter acontecido a qualquer um, mas nem todos haveriam de suportar isso sem queixumes. Por que, então, o que acontece é sempre infortúnio e não se pode ver nele também boa sorte? E pode alguém chamar de infortúnio o que não é uma infração contra a natureza humana?

E pode uma coisa ser uma infração contra a natureza humana, quando não é contrária à vontade da natureza? Bem, você já deve conhecer a vontade da natureza. Então, isso que aconteceu pode impedi-lo de ser justo, magnânimo, moderado, prudente, seguro contra opiniões imprudentes e falsidades; poderá impedi-lo de ser modesto, livre e de ter tudo o mais que condiz com a própria natureza do homem? Lembre-se sempre e em todas as ocasiões, quando alguma coisa tentar deixá-lo aborrecido, desse princípio: não pense "isso é um infortúnio", mas "suportá-lo condignamente é uma grande sorte".

| 50 |

Uma ajuda mais que simples, mas ainda assim muito útil para menosprezar a morte é passar em revista aqueles que se apegaram tenazmente à vida. O que é que eles ganharam a mais do que aqueles que morreram jovens? Com certeza jazem finalmente em seus túmulos, em algum lugar; Cadiciano, Fábio, Juliano, Lépido ou todos os outros como eles, que acompanharam tantos até a sepultura e depois foram acompanhados por outros ao próprio sepultamento. Afinal de contas, curto é o intervalo (entre o nascimento e a morte); e pense com quanto esforço, em companhia de que tipo de pessoas e em que pobre corpo esse intervalo é laboriosamente passado. Não considere, pois, a vida uma coisa de supremo valor. De fato, repare na imensidão de tempo atrás de você e no tempo infinito que há de se seguir. Diante desse infinito, qual é a diferença entre aquele que vive três dias e aquele que vive três gerações?

| 51 |

Siga sempre pelo caminho mais curto; e o caminho mais curto é o da natureza. Em decorrência disso, diga e faça tudo em conformidade com a mais segura razão. Semelhante propósito vai libertá-lo de problemas, de conflitos, de todo artifício e de exibição ostensiva.

NOTAS

[1] Agatão (448 -401 a.C.) foi um poeta trágico ateniense. (N.T.)

[2] Cecrops foi o lendário fundador de Atenas. Qual teria sido o poeta a dizer isso, não se sabe. (N.T.)

[3] Alusão aos filósofos cínicos por se vestirem com pouca roupa e por afirmarem que a natureza era o único livro que um verdadeiro sábio precisava ler. (N.T.)

[4] Titus Flavius Vespasianus (9-79), imperador romano de 69 a 79. (N.T.)

[5] Marcus Ulpius Trajanus (53-117), imperador romano de 98 a 117. (N.T.)

[6] Cloto, na mitologia grega, é uma das Parcas, três irmãs deusas ou semideusas, responsáveis pela vida humana. Cloto tecia o fio da vida dos homens, Láquesis decidia seu destino e Átropos cortava o fio na hora da morte. (N.T.)

[7] Epictetus (ca. 55-ca. 135), escravo liberto por Nero, dava lições públicas de filosofia estoica, que seu discípulo e historiador Arriano (Flavius Arrianus) compilou em oito livros, dos quais somente quatro chegaram até nós. (N.T.)

[8] Heráclito de Éfeso (550-480 a.C.), filósofo grego; sua filosofia se funda na tese de que o universo é uma eterna transformação, em que os contrários se equilibram. Sustentava também que a forma primitiva de toda a matéria é o fogo. Os estoicos se basearam nas teorias dele para fundamentar sua doutrina sobre a conflagração do universo. (N.T.)

[9] Pompeia e Herculano, cidades da Itália destruídas, no dia 24 de agosto do ano 79, pela erupção do vulcão Vesúvio; Hélice era uma antiga cidade portuária grega, situada na região de Acaia; foi destruída no ano 373 a.C., por um terremoto seguido de um maremoto. (N.T.)

LIVRO V

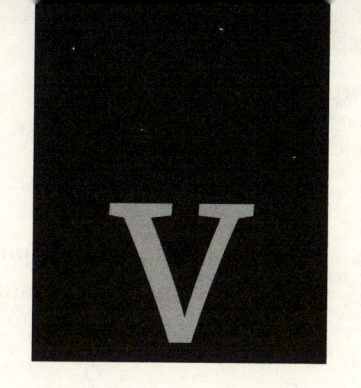

| 1 |

Pela manhã, ao levantar contra a vontade, tenha em mente esse pensamento: "Vou me levantar para o trabalho de um ser humano". Por que, então, estou insatisfeito, se vou fazer aquilo para que nasci e para que fui trazido ao mundo? Ou fui feito para ficar deitado sob as cobertas e me manter aquecido? "Mas isso é muito agradável." Então veio ao mundo para seu prazer e não para a ação ou o esforço? Não vê as plantas, os passarinhos, as formigas, as aranhas, as abelhas trabalhando para manter em ordem a parte do universo que lhes toca? E você não está disposto a fazer o trabalho que cabe ao homem e não se empenha em realizar as tarefas que são próprias de sua natureza? "Mas é preciso descansar também." Sem dúvida, é necessário. Mas a natureza fixou limites para isso também. Fixou limites para comer e beber e você os ultrapassa, indo além do que lhe é suficiente. Em seus atos, no entanto, fica aquém do que pode fazer. Então você não tem verdadeiro amor por si mesmo, pois se o tivesse, amaria sua natureza e a vontade dela. Os homens que amam sua arte se empenham ao máximo em seu trabalho, deixando até mesmo de se lavar e se alimentar, mas você valoriza menos sua natureza do que o torneiro valoriza sua arte de tornear, o dançarino a sua dança, o avarento seu cofre repleto de dinheiro ou o homem vaidoso seu breve momento de glória. E esses homens, ao serem tomados de profunda afeição por uma coisa, sacrificam até mesmo a alimentação e o sono para aperfeiçoar aquilo de que tanto gostam. Mas o trabalho que você poderia fazer em prol da sociedade seria menos valioso e menos digno a seus olhos?

| 2 |

Como gostaria de poder repelir e apagar todas as impressões que são incômodas ou inadequadas e ficar totalmente em paz!

| 3 |

Não considere adequadas para você senão as palavras e as ações que estão de acordo com a natureza e não dê atenção a eventuais críticas que possam sobrevir; se uma coisa é boa para ser feita ou dita, não a considere indigna de você. As pessoas que o criticam têm sua razão e seus impulsos a seguir; não se deixe desviar por aquilo que não lhe diz respeito, mas vá em frente, seguindo sua natureza e a natureza comum a todos; e o caminho de ambas é um só.

| 4 |

Vou passando pelas coisas que acontecem de acordo com a natureza até cair e descansar, expirando meu sopro para aquele elemento do qual eu o aspirei diariamente e caindo sobre aquela terra onde meu pai colheu a semente, minha mãe o sangue e minha ama o leite; terra que durante tantos anos me forneceu comida e bebida, terra que ainda suporta que eu caminhe sobre ela e que a maltrate para tantos propósitos.

| 5 |

Nunca poderá conquistar admiração por sua agudeza de espírito. Que seja! Mas há muitas outras qualidades de que não pode dizer "Não tenho tendência para isso por natureza". Basta cultivá-las, pois estão todas a seu alcance, como a sinceridade, a seriedade, o empenho no trabalho, a aversão ao prazer, o contentamento com a parte que lhe toca e com poucas coisas, a benevolência, a franqueza, o desapego do supérfluo, a moderação e a magnanimidade. Veja quantas são as qualidades que já podem ornar sua vida. Não faz sentido alegar incapacidade natural e inaptidão, e ainda assim prefere ficar, por própria vontade, num plano inferior? Ou é compelido, por se considerar mal servido pela natureza em dons, a murmurar, a ser mesquinho, a bajular, a se queixar de seu pobre corpo, a tentar agradar aos homens, a exibir-se e a mudar constantemente de humor? Pelos deuses, não deve ser isso! Nas poderia ter se libertado de todas essas coisas há muito tempo. Poderia, na verdade, ser acusado tão somente de certa lentidão e dificuldade de compreensão; mesmo essa pode ser corrigida com esforço, não a negligenciando nem se conformando com sua dificuldade.

| 6 |

Há pessoas que, ao lhe prestar um serviço, não hesitam em pô-lo logo em sua conta como favor concedido. Outras, embora não ajam dessa forma, continuarão a considerá-lo, em pensamento, devedor delas e nunca vão esquecer o favor que lhe prestaram. Há outras ainda que, de certa forma, nem sabem o que fizeram, como a videira que deu uva e não reclama reconhecimento por ter dado seu fruto ou como o cavalo depois da corrida, o cão depois de levantar a caça, a abelha que produz o mel. Assim o homem que praticou uma boa ação não a proclama aos quatro ventos, mas passa logo para outra, como a videira continua a produzir uva na estação aprazada. Então o homem deve ser comparado aos seres que agem de modo inconsciente? Bem, uma coisa, no entanto, é necessária, ou seja, que o homem deve fazê-lo de modo inteiramente consciente, pois, como se diz, é característico do ser social perceber que suas ações são eminentemente sociais e, além disso, deve-se desejar que a própria sociedade tenha consciência disso. É verdade, mas parece que você não entende bem o significado de tudo isso e, por essa razão, pode se tornar um daqueles de quem falei anteriormente, pois mesmo eles são enganados por certo raciocínio equivocado. Mas se entendeu bem o significado do que foi dito, não receie ser ludibriado e levado a omitir qualquer ação social.

| 7 |

Uma oração dos habitantes de Atenas: "Faça chover, mande chuva, querido Zeus, sobre os campos e as planícies atenienses". Na verdade, não devemos orar de modo algum ou devemos orar dessa forma nobre e simples.

| 8 |

Assim como devemos entender quando se diz que Esculápio[1] prescrevia, a um paciente, exercícios a cavalo, banhos frios, andar descalço, assim também devemos entender quando se diz que a natureza do universo prescreveu a alguém doença, mutilações, perdas ou qualquer outra coisa desse tipo. No primeiro caso, prescrever significa recomendar um tratamento específico para recuperar a saúde; no segundo caso, significa que o que acontece a cada homem é fixado de maneira apropriada a seu destino. É o que significa também quando dizemos que as coisas se enquadram para nós, como os pedreiros dizem das pedras quadradas das paredes ou das pirâmides são adequadas quando se enquadram umas nas outras numa espécie de firme conexão. Pois há toda uma composição harmoniosa no universo. Assim como todos os corpos se unem para formar o corpo único que é o universo, assim também todas as causas existentes se combinam para formar uma única causa, que é o destino. Mesmo o povo simples compreende isso quando afirma "Isso coube a ele". De fato, isso lhe foi destinado, portanto, coube a ele. Aceitemos, pois, essas coisas, como aceitamos as prescrições de Esculápio. Essas também são amargas por vezes, mas não as refugamos em benefício da saúde. Que a execução e o aperfeiçoamento das coisas que a natureza comum julga serem boas, sejam consideradas, portanto, como aquelas adequadas e benéficas à saúde. Aceite, pois, tudo o que acontece, mesmo que pareça desagradável, porque concorre para a saúde do universo e para o bem-estar e a felicidade de Zeus. De fato, se não fosse útil e benéfico para o todo, ele não o teria feito acontecer a um indivíduo. Nem a natureza se predispõe a causar alguma coisa, qualquer que seja, àquele que está sob seu domínio e comando. Há dois motivos, portanto, para que aceite de bom grado o que lhe acontece. Em primeiro lugar, porque foi feito para você, prescrito para você e, de certa forma, se referia a você, remetendo às causas mais antigas tecidas em seu destino. Em segundo lugar, porque, até mesmo o que ocorre de mais severo a cada indivíduo é, para o poder supremo que administra o universo, uma causa de felicidade e de perfeição, e mesmo de sua sobrevivência. Se cortar qualquer parte dessa contínua e firme conjunção, seja das causas, seja de outros componentes, a integridade do todo é mutilada. E você corta quando está insatisfeito, corta tanto quanto pode e, de certa forma, tenta desviar alguma coisa do caminho.

| 9 |

Não fique desgostoso, nem desencorajado, nem insatisfeito, se não conseguir fazer tudo de acordo com os princípios corretos; mas, quando falhar, retome a luta e fique contente se a maior parte do que fizer for coerente com a natureza do homem. Apegue-se à batalha que retomou e não recorra à filosofia como se ela fosse mestra, mas aja como quem tem os olhos doloridos e aplique um pouco de ovo e esponja, ou, como outros, aplique um emplastro, ou ainda, lave com água. Assim não deixará de obedecer à razão e nela encontrará consolo. Lembre-se de que a filosofia requer apenas aquilo que sua natureza quer; mas você gostaria de outra coisa que não está de acordo com a natureza. Pode-se objetar que "outra coisa seria o que há de mais agradável". E não é esse o motivo pelo qual o prazer procura nos enganar? Reflita e veja se a magnanimidade, a liberdade, a simplicidade, a equanimidade e a piedade não são mais agradáveis. Além do mais, o que é mais agradável do que a própria sabedoria, quando pensa na segurança e no feliz curso de todas as coisas que dependem da faculdade do entendimento e do conhecimento?

| 10 |

A natureza das coisas está tão encoberta para nós que, para muitos filósofos, entre os mais renomados, todas as coisas parecem incertas e incompreensíveis. Os próprios estoicos admitem ser difícil compreender qualquer coisa com plena certeza. E todos os nossos ajuizamentos são falíveis, pois onde está o homem infalível? Dirija seu olhar para objetos simplesmente materiais e veja como são transitórios e praticamente inúteis, podendo estar nas mãos de um pobre miserável, de uma prostituta ou de um ladrão. Repare então no caráter daqueles com que convive e dificilmente consegue suportar até mesmo o mais agradável deles, para não falar como é difícil suportar-se a si mesmo. Em toda essa escuridão e lama, em todo esse constante fluir de substância e de tempo, de mudanças aleatórias e coisas movidas, não consigo imaginar o que vale a pena ser altamente valorizado ou mesmo algo que mereça séria atenção. Ao contrário, é dever do homem confortar-se a si mesmo e esperar pela dissolução natural, sem se aborrecer com sua demora, mas tranquilizar-se com esses dois pensamentos: primeiro, que nada pode acontecer que não esteja de acordo com a natureza; e segundo, que está em meu poder nunca agir contra meu deus e contra o espírito divino que habita em mim, pois não há homem que possa me obrigar a isso.

| 11 |

Com que propósito estou usando agora os poderes de minha alma? Reflita sobre isso a todo momento e não deixe de se perguntar: "O que tenho agora nessa parte de mim que os homens costumam chamar de princípio dominante? E que alma possuo agora, a de uma criança, a de uma jovem, a de uma mulher fraca, a de um tirano, a de um animal doméstico ou a de uma fera?"

| 12 |

Pode-se deduzir dessa maneira o sentido da palavra bem, em diferentes situações. Se alguém identifica certas coisas como sendo realmente bens, como a prudência, a temperança, a justiça, a fortaleza, não suportaria ouvir qualquer coisa que não estivesse em harmonia com o que é realmente um bem. Se alguém, no entanto, segue o que o povo em geral entende como bens, ouvirá e prontamente achará muito adequado o que foi dito pelo escritor cômico. Assim, a maioria das pessoas percebe a diferença e não ficaria ofendida com a palavra do cômico, dita com propriedade e espirituosidade, uma vez que se trata de clara referência à riqueza e a meios que aumentam o luxo e a fama. Pois então, pergunte-se se devemos valorizar e considerar essas coisas como bens, se a concepção que temos na mente pode abrir caminho para lhes aplicarmos, de modo apropriado, as palavras do cômico, que diz: "Aquele que possui bens em abundância não lhe sobra tempo para viver em paz".

| 13 |

Eu consisto de um princípio formal e de outro material, e nenhum deles se reduzirá a nada, como nenhum deles veio do nada. Cada parte de que sou constituído será transformada, por meio de uma mudança, em alguma parte do universo, e essa, por sua vez, se transformará em outra parte do universo, e assim por diante para sempre. Consequentemente, por meio de tal mudança eu também existo, e também aqueles que me geraram, e assim por diante para sempre, na direção inversa. Nada nos impede de afirmar isso, mesmo que o universo seja administrado de acordo com ciclos definidos.

| 14 |

A razão e a arte do raciocínio são faculdades que se bastam a si mesmas e para suas obras. Partem de um princípio próprio e seguem diretamente rumo ao objetivo que se propuseram; e esse é o motivo pelo qual suas ações são chamadas corretas, porque procedem pelo caminho reto.

| 15 |

Nenhuma das coisas que não pertence a um homem deve ser considerada parte dele, como homem. Elas não podem ser exigidas de um homem, nem a natureza as promete a ele, nem são os meios apropriados para a natureza do homem atingir seu fim. Não representam, portanto, o objetivo principal da vida e tampouco ajudam o homem a alcançá-lo. Além disso, se alguma dessas coisas pertencesse ao homem, não seria correto que ele as desprezasse ou renunciasse a elas; como também não seria digno de elogio quem não as almejasse; nem poderia ser considerado bom quem as rejeitasse, se elas fossem realmente boas. Mas quanto mais o homem se priva dessas coisas, ou de outras semelhantes, ou mesmo quando é privado de alguma delas, mais pacientemente suporta a perda e se torna um homem melhor.

| 16 |

Assim como são seus pensamentos habituais, assim também será seu espírito, pois a alma é tingida pelos pensamentos. Tinja-o então com uma série contínua de pensamentos como os que se seguem. Um lugar onde o homem pode viver, lá ele também pode viver de modo correto; mas vive num palácio; mesmo num palácio pode viver de modo correto. E ainda: Repare que cada coisa foi criada para uma finalidade; para isso foi constituída e para esse objetivo final é direcionada; e onde está esse objetivo final está também a vantagem e o bem de cada coisa. O bem para o ser racional é a sociedade, como já foi mostrado anteriormente. Não é claro que o inferior existe para o superior? As coisas que têm vida são superiores àquelas que não a têm, e das que têm vida, as superiores são as que têm razão.

| 17 |

Buscar o impossível é loucura: e é impossível que o insensato não tente fazê-lo.

| 18 |

Nada acontece ao homem que a natureza não o tenha preparado para suportar. As mesmas coisas acontecem a outro, e porque não repara que aconteceram ou porque quer mostrar um espírito superior, se mantém firme e sobranceiro. É uma pena que a ignorância e a presunção sejam mais fortes que a sabedoria.

| 19 |

As coisas em si não tocam a alma, nem minimamente; não conhecem o caminho até a alma, nem podem fazê-la oscilar ou mover-se; ela oscila e se move sozinha; e qualquer julgamento que ache apropriado fazer, ela o faz por si mesma com relação a todas as coisas que se apresentam.

| 20 |

Num aspecto, o homem é o que existe de mais próximo a mim, na medida em que devo fazer o bem a meu semelhante e a tolerá-lo em certas circunstâncias. Mas na medida em que alguns se tornam obstáculo a meus atos, o homem passa a ser uma coisa indiferente para mim, como o sol, o vento ou uma fera. Por outro lado, é verdade que estes podem impedir minha ação, mas não são impedimento para minha vontade e disposição, que têm o poder de agir e mudar de acordo com as circunstâncias, pois a mente converte e transforma em ajuda todos os obstáculos à sua atividade; assim, o que é um entrave se torna um fomento para a ação e o que é um obstáculo no caminho ajuda a avançar nesse mesmo caminho.

| 21 |

Reverencie o que é mais sublime no universo, pois esse é que faz uso de todas as partes a seu bel-prazer e que dirige todas as coisas. De igual modo, reverencie o que tem de sublime em si próprio, pois é parte integrante do outro, que faz uso de todas as coisas e que tudo rege, inclusive a vida que palpita em você.

| 22 |

O que não é danoso para o Estado, tampouco o é para o cidadão. No caso de prejuízo, aplique esta regra: "Se o Estado não é prejudicado, eu também não o sou." Mas se o Estado for prejudicado, não se zangue com o culpado; pelo contrário, mostre-lhe onde ele errou.

| 23 |

Com frequência pensamos na rapidez com que as coisas passam e desaparecem, tanto as que existem como as que estão por nascer. O ser é como um rio que corre sem parar, suas ações estão sujeitas a constantes mudanças e suas causas se alternam em infinitas variedades; dificilmente se encontra algo que se mantenha parado. Repare no que está perto de você, ou seja, o infinito abismo do passado e do futuro em que todas as coisas desaparecem. Como, então, não considerar um tolo aquele que anda esbaforido por causa dessas coisas ou as amaldiçoa ou se atormenta? Elas haverão de atormentá-lo por um tempo, um breve tempo.

| 24 |

Pense no ser universal e na parte insignificante que toca a você; pense no tempo universal e no breve e indivisível instante que lhe cabe; pense no destino e na mínima parte que você é dele.

| 25 |

Alguém o prejudica? Deixe que se dê conta disso. Ele tem sua disposição, sua própria atividade. Quanto a mim, tenho o que a natureza universal quer que eu tenha e faço o que minha natureza quer que eu faça.

| 26 |

Que a parte de sua alma que dirige e governa não seja perturbada pelas emoções da carne, sejam elas de prazer ou de dor; e não deixe que se una a elas, mas que se mantenha dentro de seus domínios e que circunscreva essas emoções ao âmbito que lhes toca. Mas quando elas afetam o espírito, em virtude daquela simpatia que existe naturalmente num corpo uno, não deve se esforçar em resistir à sensação, pois ela é natural; mas não deixe que sua razão acrescente à sensação a opinião de que essas emoções são boas ou más.

| 27 |

Viva com os deuses. Vive com os deuses quem lhes mostra constantemente que sua alma está satisfeita com o que lhe é atribuído e que faz tudo o que deseja aquela divindade interior, aquela parcela de si próprio que Zeus deu a cada homem para seu guardião e guia, ou seja, o espírito e a razão.

| 28 |

Está zangado com aquele cujas axilas exalam mau odor? Está com raiva daquele que tem mau hálito? Que bem que essa raiva lhe fará? Nas condições em que esse indivíduo mantém sua boca e suas axilas, é normal que elas exalem esses odores. Mas, poder-se-á dizer, "esse homem é dotado de razão e deve ser capaz, se prestar atenção, de descobrir o que repugna aos outros". Muito bem, mas você também é dotado de razão; aplique, pois, sua capacidade de raciocinar para que ele também desperte essa capacidade; mostre-lhe então o erro e admoeste-o. Se ele o escutar, você o terá curado e a raiva será desnecessária. Deixe essa para os atores e para as prostitutas.

| 29 |

Você pode viver no presente da mesma forma que viveria se soubesse que sua morte está próxima. Mas se os homens não lhe permitirem isso, então saia da vida, mas como se você não estivesse sofrendo nenhum dano. "A casa está deitando fumaça; vou sair dela." E qual é o problema? Mas enquanto nada de semelhante me forçar a partir, aqui fico, sou livre e ninguém poderá me impedir de fazer o que escolher; e o que escolho é fazer o que está de acordo com a natureza de um ser racional e social.

| 30 |

O espírito do universo é social. Consequentemente, ele criou as formas inferiores por causa das superiores, e depois uniu as superiores umas às outras. Repare como ele as subordinou, as coordenou e deu a cada uma o que lhe é devido; além disso, como conciliou as mais nobres delas num mútuo acordo.

| 31 |

Como se comportou até agora para com os deuses, para com seus pais, irmãos, filhos, mestres, tutores, amigos, parentes e para com os domésticos? Pense bem se porventura se comportou para com todos de tal maneira que se possa dizer: "Nunca ofendeu ninguém com atos ou com palavras". Lembre-se de tudo aquilo por que passou e de tudo o que foi capaz de suportar. Lembre-se de que a história de sua vida se completou, que seu serviço terminou. Lembre-se de todas as belas coisas que desfrutou, de todos os prazeres e dores que desprezou, de quantas chamadas recusou e de quanta consideração mostrou para com pessoas mal-intencionadas.

| 32 |

Por que as almas rudes e ignorantes perturbam aquele que é hábil e sábio? Mas que alma é realmente hábil e sábia? Aquela que conhece o princípio e o fim, que conhece a razão que permeia toda substância e que, através de todos os tempos, governa o universo em seus ciclos determinados.

| 33 |

Em breve, muito em breve, você não será mais que cinzas, ou um esqueleto, um nome, talvez nem mesmo um nome; e o próprio nome não é mais que som e eco. As coisas muito valorizadas em vida são vazias, podres e desprezíveis; e os homens poderiam ser comparados a cachorrinhos mordendo-se uns ao outros, a criancinhas brigando, rindo e, logo em seguida, chorando. Mas a fidelidade, a modéstia, a justiça e a verdade fugiram "da amplidão da terra para o Olimpo".[2] O que é então que ainda o prende aqui, se os objetos dos sentidos são mutáveis e instáveis, se os órgãos de percepção são embotados e facilmente ludibriados por falsas impressões e a pobre alma, ela própria, é uma exalação de sangue?[3] E ter boa reputação num mundo como esse é coisa vã. Por que então não espera com toda a tranquilidade por seu fim, seja ele extinção ou remoção para outro estado? E o que acha que é suficiente até esse momento chegar? Ora, o que mais poderia ser senão venerar os deuses e bendizê-los, fazer o bem aos homens, ser tolerante e ter autocontrole; mas quanto a tudo o que está além dos limites da pobre carne e do sopro vital, lembrar-se de que isso não é seu nem está em seu poder.

| 34 |

Você poderá passar todos os seus dias de vida em plena felicidade, se não se desviar do caminho certo, tanto no modo de pensar como no de agir. A alma do homem, como a alma de todas as criaturas racionais, têm duas coisas em comum com a alma dos deuses: a primeira é que não podem ser contrariadas por nada que venha do exterior; e a segunda, que a bondade consiste na disposição para a justiça e na prática dela, e nisso deixar os desejos encontrar seu fim último.

| 35 |

Se isso não é erro meu, nem o efeito de um erro meu, e a sociedade não se ressente com ele, por que deveria me preocupar ainda a respeito? E onde está o dano causado à sociedade?

| 36 |

Não se deixe levar inconsideradamente pela aparência das coisas, mas ajude a todos de acordo com sua capacidade e na medida em que eles merecem; e se eles tiverem sofrido perdas em coisas que são indiferentes, não considere isso como um dano real, pois não deve passar de falta de tino. Nesse caso, faça como o velho da comédia que, ao se despedir, pediu de volta o brinquedo do filho adotivo, sabendo muito bem que não passava de um brinquedo. Quando está discursando do alto da tribuna, esqueceu, meu caro, o que são essas coisas? "Sim, mas são objetos de grande importância para essas pessoas." Por isso se deixa também enlouquecer por elas? Eu já fui um homem afortunado, mas perdi tudo, não sei como. Mas afortunado pode indicar alguém que conseguiu amealhar uma boa fortuna; e boa fortuna é boa disposição da alma, bons propósitos e boas ações.

NOTAS

[1] Esculápio era o deus romano da medicina, da cura, e corresponde ao deus grego Asclépio. Aqui o nome da divindade é tomado metaforicamente e se refere a um médico que cuida de um paciente. (N.T.)

[2] Hesíodo, poeta grego do século VIII a.C. A citação é extraída da principal obra dele, intitulada Os trabalhos e os dias. Na mitologia grega, Olimpo designava a morada dos deuses. (N.T.)

[3] Os estoicos acreditavam que a alma humana é uma partícula de fogo divino, nutrida pelo sangue. (N.T.)

LIVRO VI

| 1 |

A matéria do universo é dócil e complacente; e a razão que a rege não tem em si motivo algum para fazer mal, porque não tem maldade, não faz nada de maldoso nem coisa alguma é prejudicada por ela. Mas é por seu intermédio que todas as coisas surgem e se aperfeiçoam.

| 2 |

Se estiver cumprindo com seu dever, não faz diferença se está com frio ou com calor, se está com sono ou satisfeito depois de dormir, se é criticado ou elogiado, se está às portas da morte ou fazendo qualquer outra coisa, porque até mesmo morrer é um dos atos da vida; e também nesse ato é suficiente fazer bem o que temos pela frente.

| 3 |

Olhe para dentro das coisas. Nunca deixe que a qualidade peculiar de qualquer coisa escape de sua observação.

| 4 |

Todas as coisas existentes mudam rapidamente e serão reduzidas a vapor, se de fato toda substância do universo for uma, ou serão dispersadas.

| 5 |

A razão que governa sabe qual é sua disposição, o que faz e conhece a natureza da matéria com que realiza sua obra.

| 6 |

A melhor maneira de se vingar é não imitar o malfeitor.

| 7 |

Nada é mais prazeroso e repousante do que passar de um ato em benefício da sociedade para outro, pensando em Deus.

| 8 |

O princípio que nos rege é o que se desperta e se transforma, e, enquanto se faz tal como é e tal como quer ser, também faz com que tudo o que acontece se pareça a ele tal como quer.

| 9 |

Todas as coisas são realizadas em conformidade com a natureza do universo; com toda certeza, não é em conformidade com qualquer outra natureza, nem com uma natureza externa a essa ou com uma natureza contida dentro dela ou mesmo com uma natureza externa e independente dela.

| 10 |

O universo ou é uma confusão, uma involução mútua de coisas e uma dispersão, ou é unidade, ordem e providência. No primeiro caso, por que desejo viver numa combinação fortuita de coisas e em tal desordem? Por que me preocupar com outra coisa senão como finalmente terei de retornar ao pó da terra? Por que atormentar, se a dispersão de meus elementos deverá acontecer, não importando o que eu faça? Mas se a outra suposição for verdadeira, então eu venero, me mantenho firme e confio naquele que tudo governa.

| 11 |

Quando for compelido pelas circunstâncias a ficar perturbado, tente retomar rapidamente o autocontrole e não continue desafinado por mais tempo do que durar essa compulsão; porque o retorno à harmonia aumentaria sua capacidade de dominá-la.

| 12 |

Se tivesse uma madrasta e uma mãe ao mesmo tempo, obedeceria normalmente à sua madrasta, mas recorreria constantemente à sua mãe. A corte e a filosofia podem corresponder, respectivamente, à sua madrasta e à sua mãe. Volte frequentemente à filosofia para seu consolo e então a vida na corte, com todos aqueles com quem nela conviver, lhe parecerá tolerável.

| 13 |

Quando temos carne diante de nós e outros manjares, podemos pensar que esse é um peixe morto, que esse outro é uma ave morta ou um porco; assim também, que esse vinho contém somente um pouco de suco de uva, que esse manto púrpura é lã de ovelha tingida com o sangue de um marisco; que a cópula é a fricção de partes do corpo e uma ejaculação. Essas reflexões atingem as próprias coisas, penetrando nelas e expondo sua verdadeira natureza. Da mesma forma, devemos agir ao longo da vida e onde há coisas que parecem mais dignas de nossa aprovação, devemos desnudá-las, reparar em sua inutilidade e despojá-las de todas as palavras pelas quais são exaltadas. A pompa e a linguagem sofisticada deturpam a razão e, mais, nos enganam quando estamos convencidos de que estamos ocupados com coisas altamente dignas. Repare no que Crates[1] diz do próprio Xenócrates[2].

| 14 |

A multidão admira especialmente as coisas mais elementares, as que se mantêm unidas por coesão ou por simples organização natural, como pedras, madeira, figueiras, videiras, oliveiras. Mas os homens um pouco mais esclarecidos admiram aquelas que se mantêm unidas por um princípio vital ativo ou alma animal, como rebanhos e manadas. As que são admiradas pelos homens mais instruídos ou com um grau de refinamento maior são as coisas que se mantêm unidas por uma alma racional, não universal, mas racional enquanto alma que tem habilidade para alguma arte e ofício ou mostra talento de alguma outra forma, ou mesmo porque possui razoável número de escravos. Mas aquele que valoriza uma alma que é racional, universal e social não se interessa por nada mais; e, acima de tudo, mantém sua alma numa condição e numa atividade conformes à razão e à vida social, e para esse fim coopera com todos aqueles que seguem os mesmos princípios que ele.

| 15 |

Algumas coisas se apressam a entrar em existência e outras a sair dela; mesmo aquela que está entrando na existência, parte dela já deixou de existir, Movimentos e mudanças renovam continuamente o mundo, exatamente como o curso ininterrupto do tempo está sempre renovando a duração infinita das eras. Nessa torrente que flui e em que não há nada permanente, o que há para o homem prezar entre as muitas coisas que passam por ele correndo? Seria como se alguém se afeiçoasse por um dos pardais que passa voando e que já perdeu de vista. Algo semelhante é a própria vida do homem, que nada mais é que exalação de sangue e aspiração do ar; assim como ocorre com o ato de inspirar o ar e logo expirá-lo, como se faz a cada instante, assim também ocorre com a faculdade de respirar que recebeu há pouco tempo em seu nascimento e que haverá de devolvê-la ao elemento do qual a retirou inicialmente.

| 16 |

Nem a transpiração, como nas plantas, é coisa a ser valorizada, nem a respiração, como nos animais domésticos e selvagens, nem as impressões que colhemos pelos sentidos, nem ser movido pelos desejos como marionetes, nem se reunir em rebanho, nem se alimentar, pois isso é exatamente como o ato de rejeitar a parte inútil do alimento. O que é então que merece ser valorizado? Ser recebido com batidas de palmas? Não. Tampouco devemos valorizar as "batidas" das línguas; pois o louvor que provém das pessoas simplórias nada mais é que um aplauso de línguas. Supondo que tenha desistido dessa coisa menos valiosa chamada fama, o que lhe resta que valha a pena valorizar? Em minha opinião, é isso: mover-se e conter-se, em conformidade com a própria constituição, em vista do objetivo para o qual todo trabalho e arte conduzem, porque todas as obras têm por objetivo a adaptação de um produto ao fim para que foi produzido. O viticultor que cuida da videira, o domador de cavalos, o adestrador de cães, todos têm esse propósito em vista. O ensino e a educação da juventude visam algo e nisso reside o valor da educação e do ensino. Se fizer isso com perfeição, nada mais haverá de procurar. Não consegue deixar de valorizar muitas outras coisas também? Então não será senhor de si, nem haverá de conquistar a felicidade, nem estará ao abrigo das paixões, pois haverá necessariamente de invejar, ter ciúme e suspeitar daqueles que podem se livrar dessas coisas e haverá de tramar contra aqueles que têm o que você cobiça. O homem que procura ardentemente as coisas desse tipo, certamente vai viver perturbado e, não raro, passa a se revoltar contra os deuses. Se, no entanto, você respeitar e honrar sua mente, ficará em praz consigo mesmo, em harmonia com a sociedade e em concordância com os deuses, isto é, louvando tudo o que eles concedem e ordenam.

| 17 |

Por cima, por baixo, em derredor, os elementos se movimentam. Mas a virtude não está em nenhum deles; é qualquer coisa mais divina, que avança por um caminho difícil de discernir, seguindo feliz seu rumo.

| 18 |

Como os homens agem de modo estranho! Não elogiam seus contemporâneos que vivem entre eles, mas ambicionam os elogios dos pósteros, daqueles que nunca viram nem verão. Isso é praticamente a mesma coisa que lamentar-se por não ter sido elogiado pelos antepassados.

| 19 |

Se encontrar dificuldade em fazer uma coisa, não pense que é impossível para o homem; mas se alguma coisa é possível para o homem e conforme à sua natureza, pense que você também pode ser capaz de fazê-la.

| 20 |

Se, nos exercícios físicos na academia, um adversário nos arranhou ou nos machucou num choque de cabeça, não protestamos nem ficamos ofendidos; tampouco suspeitamos dele depois como um indivíduo traiçoeiro; mesmo assim, tomamos cuidado com ele, não como se fosse um inimigo, mas sem qualquer suspeita nos mantemos calmamente a distância. Da mesma forma deverá se comportar em outras situações da vida; tentemos não dar importância a muitas coisas naqueles que são como nossos antagonistas na academia, pois está em nosso poder, como já disse, evitar confrontos, não alimentar suspeita nem ódio.

| 21 |

Se alguém conseguir me convencer e me mostrar que não penso ou não ajo direito, de bom grado vou mudar, pois procuro a verdade, que nunca machucou alguém. Mas permanecer no erro e na ignorância é que machuca.

| 22 |

Cumpro meu dever. Outras coisas não me incomodam, pois são coisas sem vida ou sem razão ou que vagueiam e não conhecem o caminho.

| 23 |

Utilize os animais, que não são dotados de razão, e todas as coisas e objetos em geral, com espírito generoso e liberal, porque você tem uma razão e eles não. Mas para com os seres humanos, que são dotados de razão, comporte-se com espírito sociável. Em todas as ocasiões, invoque os deuses, mas não se preocupe com o tempo que dedicar a suas preces, pois mesmo três horas são suficientes.

| 24 |

Pela morte, Alexandre da Macedônia[3] e o cavalariço, que tratava de seus cavalos, foram reduzidos ao mesmo estado, pois ambos retornaram ao mesmo princípio gerador do universo ou ambos foram igualmente dispersos em átomos.

| 25 |

Pense em quantas coisas no mesmo tempo indivisível acontecem em cada um de nós, coisas referentes ao corpo e outras que dizem respeito à alma; e então não haverá de se surpreender, se muitas coisas, ou melhor, todas as coisas que surgem nesse imenso único e tudo, a que chamamos de Cosmos, possam existir dentro dele ao mesmo tempo.

| 26 |

Se alguém lhe perguntar como se escreve o nome Antonino, você haveria de soletrá-lo aos gritos, irritando seus ouvintes e acabando por irritar-se também? Não haveria de responder com compostura, citando cada letra? Lembre-se também que, nesta vida, cada uma das tarefas é composta de diferentes partes. Cabe a você observar cada uma dessas partes e, sem se perturbar ou se mostrar irritado com aqueles que estão zangados com você, prosseguir em seu trabalho e terminar o que lhe foi encomendado.

| 27 |

Como é cruel não permitir aos homens que tentem conseguir aquilo que julgam apropriado e proveitoso para eles! E, no entanto, de certa maneira você não permite que o façam quando se aborrece com os erros que cometem. Mas, na realidade, eles procuram fazer o que julgam adequado e lucrativo para eles. E você acha que não é bem assim. Então, ensine e mostre-lhes o que e como fazer, sem ficar indignado.

| 28 |

A morte é uma libertação das impressões dos sentidos, dos impulsos dos apetites e das paixões, dos desvios dos pensamentos e da servidão da carne.

| 29 |

Como é desonroso quando a alma vacila e não cumpre com seu dever, enquanto o corpo persiste e faz sua parte.

| 30 |

Tome cuidado para não se deixar influenciar pelas atitudes dos Césares, para não se deixar tingir pela púrpura de que eles se revestem. Conserve a simplicidade, a bondade, a integridade, a seriedade, a modéstia, o amor da justiça, a piedade, a generosidade, a afeição, a firmeza em seus deveres. Esforce-se ao máximo para ser alguém como a filosofia lhe ensina. Venere os deuses e apoie os interesses da humanidade. A vida é curta. A única alegria nesta vida terrena está na pureza e na santidade de nossa disposição e nas boas ações. Aja como se fosse discípulo de Antonino Pio[4]. Imite sua constante resolução em praticar boas ações, sua digna postura em todas as ocasiões, sua serenidade, sua doçura, seu desprezo pela vanglória e sua profunda atenção ao analisar todas as coisas. Lembre-se de como ele nunca deixava de lado qualquer assunto sem examiná-lo exaustivamente e compreendê-lo; e como suportava aqueles que o acusavam injustamente, sem retrucar com irritação; de como era sempre calmo, não se deixando jamais dominar pela precipitação; de como desencorajava todas as acusações; de como sabia analisar com acuidade as maneiras e as ações dos homens; de como era cauteloso ao recriminar alguém; de como não se deixava dominar pelo medo, pelas suspeitas ou por mesquinhas sutilezas; de como se contentava com pouco, com relação a habitação, a mobília, a vestuário, a alimentação e a serviçais; de como era paciente no trabalho; de como era difícil alterá-lo com provocações; de como ficava trabalhando até a noite, sem atender aos apelos da natureza, graças à frugalidade de sua alimentação; de como era firme e constante na conduta para com seus amigos, tolerando pacientemente a oposição a suas opiniões; de como recebia alegremente qualquer informação da parte deles; de como era religioso, sem dar mostras de superstição. Lembre-se de tudo isso para que, quando a hora da morte chegar, esteja bem preparado para recebê-la, como aconteceu com ele.

| 31 |

Acorde, recobre os sentidos! E quando estiver plenamente desperto, pense que eram apenas sonhos que o perturbavam. Assim, quando estiver em plena atividade, pense que aquilo que pode atormentá-lo não passa de algo semelhante ao que o perturbava em sonho.

| 32 |

Um corpo e uma alma constituem minha pessoa. Para o corpo, todas as coisas são indiferentes, pois não consegue distingui-las; para o espírito, são indiferentes as coisas que não constituem suas atividades e todas estas estão sob seu controle, com uma ressalva, ou seja, todas aquelas que se realizam no presente. Para ele, também as atividades passadas e futuras entram no rol das indiferentes.

| 33 |

O trabalho da mão ou do pé não é contrário à natureza enquanto o pé executar o trabalho apropriado para o pé e a mão o adequado para a mão. Assim também o trabalho do homem, como homem, não é contrário à sua natureza enquanto executar o que condiz com a natureza do homem. Ora, se não é contrário à sua natureza tampouco pode ser um mal para ele

| 34 |

Quantos prazeres desfrutaram os ladrões, os parricidas, os tiranos!

| 35 |

Não vê como os artesãos se acomodam até certo ponto aos que não são hábeis em seu ofício, mas, apesar disso, se apegam às normas de sua arte e se recusam a afastar-se delas? Não é estranho que o arquiteto e o médico tenham mais respeito aos princípios da própria arte do que o homem à própria razão, que partilha com os deuses?

| 36 |

A Ásia e a Europa são cantos do universo; todos os mares, uma gota no universo; Atos[5], um pequeno torrão do universo: todo o tempo presente, um ponto na eternidade. Todas as coisas são pequenas, mutáveis, perecíveis. Todas as coisas vêm dessa soberana razão universal, procedendo diretamente ou por derivação. Consequentemente, as mandíbulas escancaradas do leão, o veneno mortal e todas as coisas nocivas, como um espinho, como a lama, são subprodutos do que, em si, é grandioso e belo. Não pense que são estranhas àquele que você venera, mas pense na fonte única que dá origem a tudo.

| 37 |

Quem viu as coisas presentes viu tudo, tudo o que aconteceu desde toda a eternidade e tudo o que vai existir até o fim dos tempos, porque todas as coisas pertencem a uma só espécie e têm uma só forma.

| 38 |

Pense com frequência na conexão de todas as coisas no universo e na relação de umas com as outras. Isso porque, de certa maneira, todas as coisas estão como que entrelaçadas e, portanto, ligadas entre si por uma espécie de mútua afeição, numa ordenação decorrente dos movimentos de tensão entre elas e da unidade da substância.

| 39 |

Adapte-te às coisas que lhe couberam por sorte e ame sinceramente os homens entre os quais o destino o colocou.

| 40 |

Qualquer instrumento, ferramenta ou utensílio é perfeitamente útil, caso sirva à finalidade para a qual foi feito, embora seu fabricante não esteja presente. Mas nas coisas feitas pela natureza, o poder que as criou ainda está presente e nelas reside. Tanto mais convém, portanto, reverenciar esse poder e pensar que, se viver e agir de acordo com a vontade dele, todas as coisas estarão a seu dispor segundo seu desejo. É assim também que o universo tem todas as coisas a seu dispor.

| 41 |

Quaisquer que sejam as coisas que não estão a seu alcance, deve supor que sejam boas ou más; e se perder uma das boas ou lhe acontecer uma das ruins, não deve ficar ressentido com os deuses ou amargurado com os homens, como se eles fossem a causa de seu infortúnio ou de sua perda. E não raro cometemos injustiça por darmos demasiada importância a coisas que, em si, são indiferentes. Mas se julgarmos como boas ou más apenas as coisas que estão em nosso poder, não há qualquer motivo para se rebelar contra os deuses ou manter uma atitude hostil para com o homem.

| 42 |

Todos trabalhamos para um fim, alguns com conhecimento e propósito, outros sem saber o que fazem; parece ter sido Heráclito que observou que "mesmo durante o sono o homem trabalha" e contribui com o que ocorre no universo. Mas os homens cooperam de diferentes maneiras; mesmo aqueles que criticam com insistência o que acontece ou que se opõem a tudo estão colaborando, pois o universo precisa até desses. Cabe a você, portanto, decidir a que tipo de trabalhadores se unirá; pois aquele que tudo rege e governa saberá lhe atribuir coisa útil a fazer e o receberá entre seus trabalhadores e colaboradores. Fique atento apenas para que a parte que lhe tocar não seja como a do palhaço no palco, segundo fala Crisipo[6] numa comédia.

| 43 |

Será que o sol pretende fazer o trabalho da chuva ou Esculápio o de Ceres[7]? E as estrelas não são diferentes e, no entanto, trabalham todas juntas contribuindo para o mesmo fim?

| 44 |

Se os deuses decidiram a meu respeito e sobre o que deveria acontecer comigo, justa foi a decisão deles, pois é difícil imaginar uma divindade que não preveja as coisas. E por que eles deveriam desejar o meu mal? O que é que ganhariam com isso e que vantagem traria para o universo, que é o principal objeto de sua providência? Mas se nada decidiram sobre mim individualmente, certamente pensaram de modo particular no universo e por isso devo aceitar de bom grado as coisas que acontecem. Mas se os deuses não determinarem nada, o que é difícil de acreditar, então é melhor não oferecer sacrifícios, não orar e não invocá-los, nem fazer nada daquilo que sempre fazemos, como se os deuses estivessem presentes e vivessem no meio de nós. Mesmo que os deuses nada tenham determinado sobre as coisas que nos dizem respeito, eu ainda sou capaz de decidir por mim mesmo e ver o que é útil para mim e o que é útil a todo homem, segundo sua constituição e natureza. Minha natureza é racional e social; e minha cidade e pátria, na medida em que sou Antonino, é Roma, mas na medida em que sou homem, é o mundo. Como decorrência disso, as coisas que são úteis para essas comunidades são as únicas úteis para mim.

| 45 |

O que acontece ao indivíduo é bom e de interesse do todo. Além disso, se observar com atenção, pode admitir também como verdade geral que tudo o que é proveitoso para um homem o é também para os outros. Mas o termo proveitoso deve ser tomado aqui no sentido comum, que inclui as coisas indiferentes.

| 46 |

Como acontece no anfiteatro e em locais semelhantes, nos quais a contínua repetição das mesmas coisas torna o espetáculo enfadonho, assim também acontece na vida, pois todas as coisas, de um lado e de outro, acabam sempre no mesmo. Por quanto tempo então...?

| 47 |

Pense continuamente na quantidade de mortos de todas as classes e de todas as nações; pense em Filistion, Febo e Origânio[8]. Volte então seus pensamentos para outros que partiram. Pense no lugar para onde devemos seguir, onde há tantos grandes oradores e tantos nobres filósofos, como Heráclito[9], Pitágoras[10], Sócrates[11]; tantos heróis de outros tempos e tantos generais e tiranos depois deles; e com eles, Eudoxo[12], Hiparco[13], Arquimedes[14] e outros homens de grande talento, espíritos privilegiados, amantes do trabalho, versáteis, confiantes, zombadores até da vida perecível e efêmera do homem, como Menipo[15] e outros semelhantes a ele. Pense que todos eles estão há muito tempo no pó. Qual é o dano que sofrem agora, especialmente aqueles cujos nomes são totalmente desconhecidos? Uma só coisa nesta vida é valiosa: viver em verdade e justiça, com uma benevolente disposição inclusive para com os falsos e os injustos.

| 48 |

Quando quiser se revigorar interiormente, pense nas virtudes daqueles com quem convive; por exemplo, a atividade de um, a modéstia de outro, a liberalidade de um terceiro, e uma boa qualidade de um quarto. Pois nada agrada e anima tanto como os exemplos das virtudes que caracterizam aqueles que convivem conosco. Mantenha-os, portanto, sempre por perto.

| 49 |

Suponho que não se sinta insatisfeito por pesar pouco em vez de muito. Não fique insatisfeito, então, com o fato de viver somente tantos anos e não mais, pois assim como está satisfeito com a quantidade de substância que lhe foi concedida, fique contente também com a quantidade de tempo.

| 50 |

Tente persuadir os homens, mas aja contra a vontade deles, se os princípios da justiça assim o exigirem. Se alguém tentar impedi-lo pela força, tome outro caminho; não se aflija nem perca a tranquilidade e, ao mesmo tempo, transforme o obstáculo em oportunidade para o exercício de outra virtude. Lembre-se de que sua tentativa foi feita com reserva e que não pretendia fazer o impossível. Então o que você queria? Simplesmente fazer uma tentativa. Se assim foi, conseguiu atingir seu objetivo.

| 51 |

O homem que aspira à fama pensa encontrar o próprio bem na atuação do outro; quem busca o prazer, encontra-o em suas sensações; mas o homem sensato, em suas ações.

| 52 |

Está em seu poder não ter opinião formada sobre qualquer assunto e não ficar perturbado com isso, pois as próprias coisas não têm poder natural de arrancar uma opinião de nossa parte.

| 53 |

Acostume-se a prestar atenção ao que os outros dizem e, tanto quanto possível, penetrar no espírito de quem fala.

| 54 |

O que não é bom para o enxame, não é bom tampouco para a abelha.

| 55 |

Se os marinheiros maltratassem o timoneiro ou os doentes seu médico, deveria haver mais alguém a quem dariam ouvidos; ou como é que o timoneiro poderia garantir a segurança dos que estão no navio, ou o médico a saúde daqueles a quem presta assistência?

| 56 |

Quantos daqueles com os quais veio ao mundo já o deixaram!

| 57 |

A alguém com icterícia o mel parece amargo, e para aqueles mordidos por um cão raivoso a água causa medo; e para os meninos, a bola é uma coisa linda e valiosa. Por que então devo me zangar? Acha que uma opinião falsa tem menos efeito do que a bile no acometido por icterícia ou o veneno naquele que é mordido por um cachorro louco?

| 58 |

Ninguém pode impedi-lo de viver segundo a razão de sua natureza; nada poderá lhe acontecer que vá contra a razão da natureza universal.

| 59 |

Que tipo de pessoas são aquelas a quem o povo procura agradar; e com que objetivos, e com que meios? Com que rapidez o tempo vai apagar todas as coisas e quantas já apagou!

NOTAS

[1] Crates de Tebas (365-285 a.C.), filósofo grego da escola cínica, foi professor de Zenon de Cítio, fundador do estoicismo; a referência indicada por Marco Aurélio é desconhecida. (N.T.)

[2] Xenócrates (406 a.C.-314 a.C.), filósofo grego, discípulo de Platão. (N.T.)

[3] Alexandre Magno (356-323 a.C.), rei da Macedônia, que, com suas sucessivas conquistas, em pouco tempo se tornou o senhor do mundo oriental da época, que ia da Grécia e Egito até a Índia. (N.T.)

[4] Titus Aelius Hadrianus Antoninus Pius (138-161), imperador romano, de quem Marco Aurélio era filho adotivo. (N.T.)

[5] Atos ou Athos é um monte de mais de 2.000 metros de altura, situado na Grécia. (N.T.)

[6] Crisipo (281-205 a.C.), filósofo grego da escola estoica. (N.T.)

[7] Esculápio era o deu romano da medicina, e Ceres a deusa da agricultura. (N.T.)

[8] Filistion foi um médico grego do século IV a.C. Febo e Origânio são personagens desconhecidos. (N.T.)

[9] Heráclito de Éfeso (550-480 a.C.), filósofo grego; sua filosofia se funda na tese de que o universo é uma eterna transformação, em que os contrários se equilibram. Sustentava também que a forma primitiva de toda a matéria é o fogo. Os estoicos se basearam nas teorias dele para fundamentar sua doutrina sobre a conflagração do universo. (N.T.)

[10] Pitágoras, matemático e filósofo grego do século VI a.C. (N.T.)

[11] Sócrates (470-399 a.C.), filósofo grego que não deixou nenhuma obra escrita; suas teses filosóficas se tornaram conhecidas graças a seu discípulo Platão que as resumiu e as transmitiu em suas obras. (N.T.)

[12] Eudoxo de Cnido (406-355 a.C.), astrônomo, matemático e filósofo grego. (N.T.)

[13] Hiparco, astrônomo grego do século II a.C. (N.T.)

[14] Arquimedes (287-212 a.C.), matemático e inventor grego. (N.T.)

[15] Menipo, poeta e filósofo grego do século IV-III a.C. (N.T.)

LIVRO VII

| 1 |

O que é o mal? Uma coisa que tem visto muitas vezes. E com relação a todas as ocorrências, tenha em mente que também as viu muitas vezes. Em toda parte, por cima e por baixo, vai encontrar sempre as mesmas coisas, que enchem as páginas da história antiga e da posterior, como enchem também nossas cidades e nossas casas hoje em dia. Não há nada de novo: todas as coisas se repetem e são de curta duração.

| 2 |

Nossos princípios só podem perder seu vigor quando as impressões que lhes correspondem já se extinguiram. Mas cabe a você atiçar continuamente o fogo para renovar a chama. Eu sempre posso ter a opinião certa sobre cada coisa. Se posso, por que haveria de me inquietar? As coisas que são externas à minha alma não têm maior importância. Persuada-se disso e haverá de continuar de pé, firme. Está a seu alcance viver uma nova vida. Olhe para as coisas novamente como costumava olhar para elas, pois isso é começar nova vida.

| 3 |

A inútil preocupação por espetáculos, representações teatrais, rebanhos de ovelhas, manadas de gado, treino de lanceiros, um osso lançado aos cães, um pedaço de pão atirado em tanque de peixes, formigas carregadas trabalhando, correria de ratos assustados, marionetes agitadas por meio de fios... No meio de tudo isso, deve ocupar o seu lugar, mostrando bom humor e não um ar de desdém, persuadido, no entanto, de que todo homem vale tanto quanto valem as coisas com que se ocupa.

| 4 |

Na conversa, preste atenção no que estão dizendo e, na ação, no que estão fazendo. Neste último caso, deve imediatamente ver qual é o objetivo, mas no primeiro, observe atentamente o que realmente se quer dizer.

| 5 |

Meu entendimento é suficiente para essa tarefa ou não? Se for suficiente, utilizo-o no trabalho como instrumento que me foi dado pela natureza. Mas se não for suficiente, largo o trabalho e dou lugar àquele que pode fazê-lo melhor, a menos que haja alguma razão para que eu não deva desistir dele. Em tal caso, faço-o o melhor que posso com a ajuda de um assistente que, sob minha orientação, pode realizar o que é adequado e útil para o bem de todos, pois tudo o que eu possa fazer sozinho ou com a assistência de outro deve ter como objetivo único o que é útil e adequado à sociedade.

| 6 |

Quantos, depois de serem celebrados pela fama, foram relegados ao esquecimento; e quantos que celebraram a fama de outros acabaram por desaparecer.

| 7 |

Não tenha vergonha de ser ajudado, pois sua obrigação é realizar a tarefa que lhe foi confiada, como um soldado no assalto a uma cidade. Como haverá de fazer então, se for coxo e incapaz de subir sozinho nas ameias, a não ser com a ajuda de outro?

| 8 |

Não se perturbe com as coisas futuras, porque haverá de encontrá-las, se for o caso, com a mesma razão que agora usa para as coisas presentes.

| 9 |

Todas as coisas estão entrelaçadas umas nas outras, e o vínculo que as une é sagrado; dificilmente se encontrará uma coisa desconectada de outra. Todas elas estão coordenadas e se combinam para formar o mesmo universo, pois existe um universo feito de todas as coisas e um deus que impregna a todas, e uma substância, uma lei, uma razão comum em todas as criaturas inteligentes, e uma verdade, se, de fato, há também uma perfeição para todos os seres da mesma espécie e partícipes da mesma razão.

| 10 |

Tudo o que é material logo desaparece na substância do todo; e tudo o que é princípio ativo logo é retomado pela razão universal; e a memória de todas as coisas logo é sepultada na eternidade do tempo.

| 11 |

Para o ser racional, o mesmo ato que se conforma com a natureza se conforma também com a razão.

| 12 |

Pôr-se de pé ou ser posto de pé.

| 13 |

Assim como diversos elementos estão unidos num só corpo, assim também os seres racionais, embora subsistam em separado, foram conclamados para a cooperação. E essa percepção se lhe tornará mais evidente, se disser com frequência para si mesmo "Eu sou um *membro* do sistema de seres racionais". Mas se disser que é apenas uma *parte*, você ainda não ama a humanidade de coração e seus atos de bondade não o satisfazem plenamente, pois só os pratica por obrigação e não porque representam o maior bem para você mesmo.

| 14 |

Se coisas externas caírem sobre partes de mim que possam sentir os efeitos dessa queda, elas que se queixem, se quiserem.

Quanto a mim, a menos que pense que o que aconteceu é um mal, não me sinto atingido. Está em meu poder pensar dessa maneira.

| 15 |

Façam os outros o que quiserem fazer, digam o quer quiserem dizer, eu, de minha parte, devo ser bom; como o ouro, um manto de púrpura ou uma esmeralda, repita sempre: "Façam os outros o que fizerem, digam o que disserem, eu devo continuar sendo uma esmeralda e conservar minha cor".

| 16 |

A faculdade que tudo rege não se perturba, quer dizer, não se assusta nem causa dor a si mesma. Mas se alguém pode lhe inspirar temor ou dor, que o faça. Mas ela própria não irá, por sua iniciativa, enveredar por esses caminhos. Que o corpo cuide de si mesmo, se puder, para não sofrer, e que fale, caso sofra. Mas a alma, que conhece o medo e a dor e que tem pleno poder de emitir um juízo sobre essas coisas, nada sofrerá. O princípio que tudo rege se basta a si mesmo, não conhece necessidades, a não ser que as crie para si mesmo e, portanto, é isento de perturbações e obstruções, a menos que se perturbe e se obstrua a si mesmo.

| 17 |

Felicidade, na etimologia grega (*Eudaemonia*), é uma boa divindade ou uma coisa boa. Então, o que está fazendo aqui, ó imaginação? Vá embora, peço-lhe, em nome dos deuses, assim como veio, pois não a quero. Mas sei que veio segundo seu velho costume. Não estou zangado com você, apenas vá embora daqui!

| 18 |

Alguém tem medo de mudança? Ora, o que pode acontecer sem mudança? O que agrada mais ou é mais adequado à natureza universal? Acaso poderia tomar um banho quente se a lenha não sofresse uma mudança? Poderia alimentar-se, sem que o alimento sofresse uma mudança? E qualquer coisa útil poderia se realizar sem mudança? Não vê, pois, que a mudança em você é a mesma coisa, e igualmente necessária para a natureza universal?

| 19 |

Todos os corpos passam pela substância universal, como que levados por uma torrente impetuosa, estando por natureza unidos e cooperando com o todo, como fazem os membros de nosso corpo. Quantos Crisipo, quantos Sócrates, quantos Epicteto o tempo já engoliu! Lembre-se disso quando tiveres de lidar com qualquer homem ou coisa.

| 20 |

Uma só coisa me incomoda: o medo de fazer algo que a constituição do homem não permite, ou da maneira que ela não permite, ou que não permita agora.

| 21 |

Perto está o dia em que terá esquecido tudo e perto também está o dia em que todos o terão esquecido.

| 22 |

É peculiar ao homem amar até mesmo aqueles que fazem o mal. E isso acontece porque você considera, mesmo os que praticam o mal, como seus irmãos ou porque erram por ignorância e não intencionalmente e porque em breve todos estarão mortos, inclusive você. Acima de tudo, porém, porque aquele que agiu mal não o prejudicou, pois ele não tornou a sua razão que tudo rege pior do que era antes.

| 23 |

Da substância universal, como se fosse cera, a natureza molda um cavalo, depois o destrói e usa a matéria para fazer uma árvore, depois para fazer um homem, depois outra coisa qualquer; e cada um deles subsiste por um tempo muito curto. Mas quanto ao envoltório, ser rasgado ou partido aos pedaços não é mais difícil do que ser moldado.

| 24 |

Um ar carrancudo é totalmente antinatural; se é assumido com frequência, a beleza vai se esvaindo até fenecer totalmente, tornando-se difícil recuperá-la. Tente compreender que, agindo assim, demonstra que não é racional, pois, se até a percepção de estar fazendo o mal desapareceu, que razão há para viver mais?

| 25 |

A natureza, que tudo governa, logo mudará todas as coisas que vê, e da substância delas fará outras e, novamente, outras a partir daquelas, a fim de que o mundo se renove continuamente.

| 26 |

Quando alguém o ofende ou lhe faz algum mal, considere imediatamente a ideia que ele tem do que é bom ou mau para chegar a praticar tal ato. Constatando isso, em vez de se surpreender ou de se zangar, ficará com pena dele. Porque a ideia que você tem do que é bom ou mau é a mesma dele ou pelos menos semelhante à dele. É seu dever, portanto, perdoá-lo. Mas se não pensa que semelhantes atos sejam bons ou maus, mais prontamente deverá estar disposto a ser tolerante com quem erra.

| 27 |

Não pense demasiadamente no que você não tem, mas pense nas melhores coisas que possui e reflita com que ansiedade as desejaria, se não as tivesse. Ao mesmo tempo, contudo, tome cuidado para que, por estar tão satisfeito com elas, não se acostume a supervalorizá-las, de tal modo que a simples ideia de perdê-las acabe com sua paz de espírito.

| 28 |

Recolha-se em si mesmo. O princípio racional, que tudo rege, se dá por satisfeito quando faz o que é justo, assegurando com isso a tranquilidade.

| 29 |

Livre-se de toda fantasia. Pare de esticar as cordas. Limite-se ao presente. Entenda bem o que acontece a você ou a outro. Divida e distribua cada objeto em causa e matéria. Pense em sua última hora. Deixe o mal que é feito por alguém ficar onde foi feito.

| 30 |

Direcione sua atenção para o que está sendo dito. Que seu espírito penetre nas coisas que estão sendo feitas e naqueles que as fazem.

| 31 |

Adorne-se com simplicidade e modéstia, e com indiferença para com as coisas que estão entre a virtude e o vício. Ame a humanidade. Mostre obediência aos deuses. O poeta diz que a lei rege tudo e basta lembrar que a lei tudo governa.

| 32 |

Sobre a morte. Dispersão ou confluência de átomos, ou aniquilação, extinção ou mudança.

| 33 |

Sobre a dor. A dor insuportável acaba conosco, mas a que dura muito tempo pode ser suportada. O espírito, recolhido em si mesmo, mantém sua tranquilidade e a razão, que tudo rege, fica imune. Quanto às partes afetadas pela dor, que se queixem, se puderem.

| 34 |

Sobre a fama. Repare no espírito daqueles que buscam fama, observe o que são, que tipo de coisas evitam e que tipo ambicionam. Pense então como camadas sucessivas de areia escondem as anteriores; assim na vida, o que ocorre agora logo será coberto por aquilo que virá a seguir.

| 35 |

"O homem de espírito superior, e que tem uma visão de todo o tempo e de toda a realidade, pode realmente pensar que a vida humana é algo grandioso? – Não, não pode. – Esse homem vai pensar na morte como algo a temer? – Certamente que não." (Platão[1])

| 36 |

"É próprio dos príncipes fazer o bem e ser criticados." (Antístenes[2])

| 37 |

É coisa indigna que o semblante obedeça, se organize e se componha como manda o espírito, e que o espírito não consiga organizar-se e compor-se a si mesmo.

| 38 |

É inútil irritar-se com as coisas, pois elas não se importam com isso.

| 39 |

Aos deuses imortais e a nós próprios deem alegria.

| 40 |

A vida deve ser colhida como as espigas maduras. Um homem nasce; outro morre.

| 41 |

Se os deuses não se importam comigo e com meus filhos, deve haver uma boa razão para isso.

| 42 |

A retidão e a justiça estão de meu lado.

| 43 |

Nada de se juntar a outros em seus lamentos, nada de emoções violentas.

| 44 |

"Mas eu podia dar a esse homem a seguinte resposta: 'Está enganado se pensa que um homem bom deve ficar analisando as perspectivas de vida ou o risco de morte; deve antes considerar isso em tudo o que faz, e se está fazendo o que é justo ou injusto e praticando as obras de um homem bom ou mau.'" (Platão).

| 45 |

"Na verdade, assim é, homens de Atenas: onde quer que um homem se coloque, pensando ser o melhor lugar para ele ou porque ali foi colocado sob ordens, ali, em minha opinião, deve ficar e suportar o risco, não levando nada em conta, seja a morte ou qualquer outra coisa, exceto a desonra" (Platão).

| 46 |

"Mas, meu amigo, reflita se o que é verdadeiramente nobre e bom não está em algo diferente do que apenas preservar a vida. Nem é de todo desejável para alguém que tem verdadeira disposição humana continuar vivendo por muito tempo, nem agarrar-se à vida a todo custo. Além disso, se não o é caso de remover essas coisas do pensamento. O melhor que tem a fazer é confiá-las à divindade e acreditar no que as mulheres dizem, isto é, que nenhum homem pode escapar de seu destino e que ele passe a viver melhor a vida que lhe foi destinada." (Platão)

| 47 |

Contemple o curso das estrelas, como se você estivesse seguindo com elas e observe constantemente as mudanças dos elementos, pois esses pensamentos expurgam a imundície de nossa vida terrena.

| 48 |

Platão nos brinda com uma bela frase: "Aquele que pretende falar sobre os homens deve olhar também para as coisas terrenas como se as visse de algum lugar mais alto; deve olhar para eles em suas assembleias, em seus exércitos, nos trabalhos agrícolas, casamentos, tratados, nascimentos, mortes, ruídos nos tribunais de Justiça, lugares desertos, variadas nações de bárbaros, festas, lamentações, mercados, nessa mistura de todas as coisas e combinação ordenada de contradições".

| 49 |

Observe o passado com suas grandes mudanças de tantos impérios; desse modo, pode também prever o que ocorrerá no futuro.

Tudo vai correr da mesma forma, porque não é possível que vá ocorrer um desvio do que acontece agora. Consequentemente, contemplar a vida dos homens durante quarenta anos é o mesmo que contemplá-la durante dez mil anos. O que mais e de diferente haverá de ver?

| 50 |

O que nasce da terra para a terra voltará. Mas o que germinou da semente do céu para os céus haverá de retornar. Eurípedes[3] entende com isso tanto a desintegração dos átomos integrados quanto similar dispersão de elementos imutáveis.

| 51 |

Com comidas, bebidas e astutas artes mágicas,

E desviando o curso das águas, para assim escapar da morte?[4]

A brisa que vem dos deuses devemos suportar e trabalhar sem reclamar.

| 52 |

Alguém pode ser mais experiente para derrotar seu oponente; mas não é mais social, mais modesto, mais disciplinado para observar tudo o que acontece, nem mais indulgente com as falhas de seu vizinho.

| 53 |

Onde qualquer trabalho pode ser realizado de acordo com aquela razão que os homens têm em comum com os deuses, nada há que temer, pois sempre que somos capazes de obter lucro por meio da atividade que é bem-sucedida e realizada em conformidade com a estrutura de nossa natureza, não há por que suspeitar de qualquer dano.

| 54 |

Em todos os lugares e em todos os momentos está em seu poder aceitar piedosamente sua presente condição, comportar-se com justiça para com aqueles que estão à sua volta e utilizar sua habilidade para controlar seus pensamentos, a fim de que nada penetre neles sem ser bem examinado.

| 55 |

Não olhe a seu redor para descobrir os princípios que regem outros homens, mas olhe diretamente para aquilo que a natureza o conduz, tanto a natureza universal pelas coisas que lhe acontecem quanto sua natureza através dos atos que deve praticar. Mas todo ser deve fazer o que está de acordo com sua constituição e todas as outras coisas foram constituídas para o bem dos seres racionais, assim como entre os irracionais o inferior existe para o bem do superior; mas os racionais são constituídos para servir um ao outro. O princípio primordial na constituição do homem é então o social. E o segundo é não ceder às persuasões do corpo, pois é função peculiar de sua razão e inteligência proteger-se e nunca deixar-se dominar pelos apelos dos sentidos ou dos instintos, pois ambos são próprios do animal; mas o espírito mantém sempre sua condição de superioridade e não se deixa suplantar e, com razão, pois a natureza o formou para se servir de todo o resto. Em terceiro lugar, a constituição de um ser racional é capaz de livrar do erro e do engano. Deixe então que a razão, que tudo rege, mantendo-se firme nesses princípios siga tranquilamente seu rumo e terá sempre o que lhe é próprio, o bem ou a perfeição.

| 56 |

Pense como se tivesse morrido hoje e completado o tempo de sua vida e viva de acordo com a natureza o resto que lhe é concedido.

| 57 |

Ame somente o que lhe acontece e que é tecido com o fio de seu destino, pois o que é que lhe poderia ser mais adequado?

| 58 |

Em tudo o que acontece, tenha presente aqueles a quem aconteceram as mesmas coisas e as receberam com indignação, achando-as inapropriadas e injustas para eles. E onde estão eles agora? Em lugar algum. Por que então quer agir da mesma maneira? Por que não deixa essas agitações que são estranhas à natureza para aqueles que as causam e para aqueles que são movidos por elas? Por que não se dispõe a fazer bom uso e a tirar proveito das coisas que lhe acontecem?

Apenas cuide bem de si mesmo e decida-se por ser sempre bom em todos os seus atos. E lembre-se de que as coisas externas, que podem ter influenciado seus atos, são indiferentes em si.

| 59 |

Olhe para dentro de si. Dentro está a fonte do bem, fonte que sempre haverá de borbulhar, se continuar cavando.

| 60 |

O corpo deve ser compacto e não apresentar irregularidades tanto em movimento como em repouso. O que o espírito deixa transparecer no semblante, conferindo-lhe uma expressão serena e apropriada, o mesmo deve ser exigido do corpo. Tudo isso, porém, deve ser assegurado sem afetação.

| 61 |

A arte da vida é mais parecida com a arte do lutador do que com a do dançarino, uma vez que deve estar pronta e firme para enfrentar ataques repentinos e inesperados.

| 62 |

Observe constantemente quem são aqueles cuja aprovação você deseja conquistar e quais princípios possuem e defendem. Se examinar as fontes de suas opiniões e intenções, não haverá de culpá-los se o ofenderem involuntariamente nem vai querer sua aprovação.

| 63 |

É contra sua vontade, diz o filósofo, que a alma é privada da verdade; consequentemente, do mesmo modo, é privada da justiça, temperança, benevolência e de qualquer outra virtude. É extremamente necessário ter isso constantemente em mente, pois assim você será mais gentil para com todos.

| 64 |

Em toda dor, que esse pensamento esteja presente, isto é, que não há desonra em sentir dor, nem torna pior o espírito, nem lhe causa dano no aspecto racional e tampouco no social. De fato, que na maioria das dores essa observação de Epicuro[5] o ajude, ou seja, que "a dor não é intolerável nem eterna", desde que se lembre dos estreitos limites em que ela se confina e não lhe acrescente nada em sua imaginação. Lembre-se também de que, embora não perceba, muitas coisas desagradáveis são da mesma natureza da dor, como a excessiva sonolência, o calor extenuante e a falta de apetite. Quando se sentir levado a murmurar contra essas coisas, diga a si mesmo que está cedendo à dor.

| 65 |

Tome cuidado para não sentir pelos desumanos o que eles sentem pelos outros seres humanos.

| 66 |

Como é que sabemos que Telauges[6] não era melhor em caráter do que Sócrates?[7] Não é suficiente afirmar que Sócrates teve uma morte mais digna, que discutiu com mais habilidade com os sofistas, que suportou melhor uma noite de intenso frio, que se recusou a cumprir a ordem de prender Leão de Salamina[8] e que andava de maneira arrogante pelas ruas, embora pairem grandes dúvidas sobre a veracidade desse fato. Mas devemos nos perguntar: Que tipo de alma tinha Sócrates? Ele se contentava em ser justo para com os homens e piedoso para com os deuses, não ficava ressentido com os vícios dos outros, nem se submetia à ignorância deles? Aceitava o que o destino lhe reservava, não sucumbindo perante ele como se fosse algo insuportável nem deixando que seu espírito fosse afetado pelas paixões do corpo?

| 67 |

A natureza não misturou o espírito com o corpo, a ponto de não lhe permitir estabelecer as próprias fronteiras e controlar tudo o que é seu, pois é de todo possível ser semelhante à divindade, mesmo que não seja reconhecido como tal por ninguém. Tenha isso sempre em mente e lembre-se também de que muito pouco é necessário para viver uma vida feliz. Embora tenha desistido de dominar a dialética e de se tornar um naturalista, isso não é motivo para renunciar à esperança de ser livre e modesto, sociável e obediente à vontade dos deuses.

| 68 |

Está em seu poder viver livre de toda compulsão, na maior tranquilidade de espírito, mesmo que todo o mundo clame contra você e mesmo que as feras dilacerem os membros dessa matéria amassada que o reveste. No meio de tudo isso, nada pode impedir o espírito de manter a tranquilidade, a avaliar todas as coisas a seu redor e a usar de modo correto tudo o que se lhe apresentar, para que o juízo possa dizer ao que lhe acontecer: "Isso você é na realidade, embora na opinião dos homens possa parecer algo diferente"; e o serviço possa dizer ao que lhe cair em mãos: "Você é aquilo que eu estava procurando". Aquilo que se apresenta por si é sempre um material para a prática da virtude, cara à razão e à finalidade social, numa palavra, para a prática do que é próprio dos homens e dos deuses, pois tudo o que acontece tem especial relação com deus ou com o homem, e não aparece como algo novo e intratável, mas como usual e fácil de lidar.

| 69 |

A perfeição do caráter moral consiste em passar cada dia como se fosse o último, em não ficar profundamente atormentado, nem apático, nem viver na hipocrisia.

| 70 |

Os deuses, que são imortais, não se aborrecem por terem de tolerar continuamente os homens e suas maldades; além disso, cuidam dos homens de todas as formas possíveis. Mas você, que está destinado a terminar seus dias tão cedo, está cansado de suportar o mau, você que é também um deles?

| 71 |

Como é ridículo para o homem não fugir da própria maldade, o que de fato é possível, mas fugir da maldade dos outros, o que é impossível.

| 72 |

Tudo o que a faculdade racional e social considera irracional ou antissocial, ela o julga inferior a si mesma.

| 73 |

Quando tiver praticado uma boa ação e outro se tiver beneficiado com ela, por que ainda procura uma terceira coisa, como fazem os insensatos, ou seja, angariar fama por ter feito uma boa ação ou obter algo em troca?

| 74 |

Ninguém se cansa de receber o que é útil. Mas agir de acordo com a natureza é o que há de mais útil. Então não se canse de fazer o que é útil e de dá-lo também aos outros.

| 75 |

A natureza do todo se moveu para criar o universo. Então, tudo o que ocorre tem de seguir uma sequência lógica; caso contrário, os principais objetivos para os quais o poder regedor do universo direciona seu impulso não seriam governados por nenhum princípio racional. Lembrando-se disso, terá mais tranquilidade para lidar com muitas coisas.

NOTAS
---

[1] Platão (427-347 a.C.), filósofo grego, discípulo de Sócrates. Deixou vasta obra. Entre seus livros, cumpre destacar A República, O banquete, Críton, As leis, Górgias, Teeteto, Timeu, Apologia de Sócrates. (N.T.)

[2] Antístenes (444-365 a.C.), filósofo grego, fundador da escola cínica. (N.T.)

[3] Eurípedes (480-406 a.C.), poeta trágico grego; das 92 peças que escreveu, chegaram até nós um drama satírico e 17 tragédias, como Alceste, Andrômaca, As troianas, As bacantes, As suplicantes. (N.T.)

[4] Frase de Eurípedes, extraída da tragédia As Suplicantes. (N.T.)

[5] Epicuro (341-270 a.C.), filósofo grego, fundador da doutrina chamada epicurismo, que, no aspecto moral, ensina a gozar dos bens materiais e espirituais do mundo com ponderação e medida, a fim de perceber a excelência desses bens em sua natureza, que, em sua essência, é boa. (N.T.)

[6] Telauges, filósofo pitagórico do século VI a.C. (N.T.)

[7] Sócrates (470-399 a.C.), filósofo grego que não deixou nenhuma obra escrita; suas teses filosóficas se tornaram conhecidas graças a seu discípulo Platão que as resumiu e as transmitiu em suas obras. (N.T.)

[8] Num período de terror e de governo tirânico, após a supressão da democracia em Atenas, Sócrates e outros cidadãos foram instados a acatar a ordem de prender Leão de Salamina, mas Sócrates se recusou categoricamente a cumprir essa ordem. (N.T.)

LIVRO VIII

| 1 |

Esta reflexão também tende a afastar o desejo de fama vazia. Não cabe mais a alegação de ter vivido toda a sua vida, ou pelo menos desde a juventude, como filósofo; está claro para muitos e até para você mesmo que está bem longe da filosofia. Você caiu em confusão, de modo que não lhe é nada fácil obter a reputação de filósofo; além do mais, sua condição de vida se opõe a isso. Consequentemente, deve banir de sua cabeça a ideia de como pode parecer aos outros e ficar contente se viver o resto de sua vida da maneira que sua natureza quer. Observe então o que ela quer e não deixe que nada mais o distraia. Teve experiências em suas muitas andanças sem encontrar a realização em parte alguma, nem nos silogismos, nem na riqueza, nem na reputação, nem no prazer, nem em qualquer lugar. Onde está, então? Em fazer o que a natureza do homem exige. Como fazer isso? Adotando princípios que comandem seus instintos e seus atos. Que princípios? Aqueles relativos ao bem e ao mal, na crença de que não há nada de bom para o homem que não o torne justo, moderado, corajoso, livre; e que não há nada de mau que não dê o resultado contrário do que foi mencionado.

| 2 |

Ao praticar qualquer ato, pergunte-se: "Quais as consequências para mim? Será que não vou me arrepender?" Dentro em breve, estarei morto, e tudo acabou. O que mais haveria de procurar, se o que estou fazendo agora é o trabalho de um ser vivo racional e social e de alguém que está sujeito à mesma lei que os deuses?

MEDITAÇÕES

| 3 |

Alexandre[1], César[2] e Pompeu[3], o que são eles em comparação com Diógenes[4], Heráclito[5] e Sócrates[6]? Estes estavam familiarizados com as coisas, com suas causas e sua matéria, e os princípios que os regiam eram os mesmos. Mas, quanto aos primeiros, de quantas coisas tinham de cuidar e de quantas eram escravos!

| 4 |

Você pode explodir de indignação, que os homens continuarão a fazer as mesmas coisas.

| 5 |

Esta é a principal regra: Não se perturbe, pois todas as coisas estão sujeitas às leis da natureza e em breve você não será ninguém e não estará em lugar algum, como os imperadores Adriano e Augusto. A seguinte é encarar as coisas com firmeza e analisá-las profundamente, lembrando-se ao mesmo tempo de que é seu dever ser um homem bom. Faça sem qualquer hesitação o que a natureza do homem exige e diga o que lhe parece mais justo, mas com cortesia, modéstia e sem hipocrisia.

| 6 |

A função da natureza universal é fazer, remover as coisas de lugar, permutar, tirar de uma condição e transferir para outra. Todas as coisas estão sujeitas a mudanças; não precisamos temer nada de novo. Todas as coisas nos são familiares; mas a distribuição delas ainda permanece a mesma.

| 7 |

Toda natureza se contenta consigo mesma quando segue muito bem seu caminho; e uma natureza racional segue bem seu caminho quando em seus pensamentos não concorda com nada falso ou incerto, quando dirige seus impulsos apenas para atos sociais, quando limita seus desejos e aversões às coisas que estão em seu poder e quando está satisfeita com tudo o que lhe é atribuído pela natureza universal. Pois, dessa natureza universal, cada natureza particular é uma parte, como a natureza da folha é uma parte da natureza da planta; exceto que na planta a natureza da folha faz parte de uma natureza que não tem percepção nem razão, e está sujeita a impedimentos; mas a natureza do homem é parte de uma natureza que não está sujeita a impedimentos, pois é também inteligente e justa, uma vez que atribui a todos, em iguais porções e de acordo com seu valor, tempo, substância, causa, atividade e experiência. Examine, porém, não para descobrir que uma coisa comparada com outra é igual em todos os aspectos, mas tomando juntas todas as partes de uma coisa, compará-las com todas as partes juntas de outra.

| 8 |

Não tem capacidade para ler, mas pode muito bem refrear a arrogância; pode muito bem se colocar acima dos prazeres e da dor; pode ser superior à tentação da fama e não se irritar com pessoas insensatas e ingratas, mas até preocupar-se com elas.

| 9 |

Que ninguém mais o ouça criticar a vida da corte ou a própria vida.

| 10 |

O arrependimento é uma espécie de autoacusação por ter negligenciado algo útil. Ora, o que é bom é sempre útil, e deve ser preocupação de todo homem bom e honrado. Mas nenhum homem bom jamais se arrependeria de ter deixado escapar uma oportunidade de prazer. O prazer, portanto, não é bom nem útil.

| 11 |

Essa coisa, o que é em si, o que é em sua constituição? Qual é sua substância e matéria? E qual é sua forma? E o que está fazendo no mundo? E por quanto tempo vai subsistir?

| 12 |

Quando relutar em levantar da cama, lembre-se de que está de acordo com sua constituição e de acordo com a natureza humana cumprir seus deveres para com a sociedade, ao passo que dormir é algo que temos em comum com os animais irracionais. Mas o que está de acordo com a natureza de cada um é também o mais apropriado, o mais adequado à sua natureza e, na verdade, o mais agradável.

| 13 |

Constantemente e, se for possível, por ocasião de cada impressão na alma, aplique-lhe os princípios da física, da ética e da dialética.

| 14 |

Qualquer que seja o homem que vier a conhecer, pergunte-se imediatamente a si mesmo: "Qual a opinião dele sobre o bem e o mal?" Porque, se em relação ao prazer e à dor e a suas causas, e se sobre a fama e a ignomínia, a morte e a vida, suas opiniões forem de determinado tipo, não vou ficar surpreso nem haverei de estranhar se seus atos estiverem de acordo com essas opiniões, e deverei pensar simplesmente que ele é compelido a agir assim.

| 15 |

Lembre-se de que seria simplório ficar surpreso quando uma figueira produz figos; de igual modo o seria se ficássemos surpresos ao ver o mundo produzir as coisas que sempre produziu; e para o médico e o comandante de navio seria vergonhoso se ficassem surpresos porque um doente está com febre ou porque o vento é desfavorável.

| 16 |

Lembre-se de que para mudar de opinião e seguir aquele que corrige seu erro é tão consistente com a liberdade quanto persistir em seu erro, pois é essencialmente sua a atividade que é realizada de acordo com o próprio impulso e julgamento, e, na realidade, de acordo com o seu modo de pensar.

| 17 |

Se a escolha é sua, por que faz isso? Mas se for de outrem, quem vai culpar? Os átomos? Os deuses? Em ambos os casos, seria loucura. Você não deve culpar ninguém. Se puder, corrija a coisa em si; se não puder, para que ficar recriminando? Nada deve ser feito sem um propósito.

| 18 |

Aquilo que morreu não sai do mundo. Se aqui fica, aqui também se transforma e se decompõe em suas partes, que são elementos do universo e de você mesmo. E estes também mudam, e não se queixam.

| 19 |

Um cavalo, uma videira, tudo existe para algum fim. Por que você se surpreende? Até o sol dirá: "Estou aqui para um propósito." E todos os demais deuses dirão o mesmo. Para qual finalidade você foi criado? Para o prazer? Veja bem se o bom senso permite isso.

| 20 |

Assim como o atirador da bola quer ver não somente seu movimento e direção, mas também o local onde vai cair e parar, assim também a natureza sempre teve um objetivo para cada coisa, não somente com relação a seu fim, mas também a seu início e duração. Qual o melhor resultado para a bola? Quando é arremessada para cima ou quando está caindo ou quando para no chão? O que é que uma bolha ganha por se manter inteira ou perde por estourar? O mesmo pode ser dito de uma lamparina, quando apagada.

| 21 |

Vire o corpo do avesso e veja o que é e como fica quando envelhece e quando adoece. De curta duração é a vida tanto daquele que elogia quanto do elogiado, tanto daquele que lembra como do lembrado; e tudo isso num recanto dessa parte do mundo; e nem mesmo aí todos concordam uns com os outros; e toda a terra também é apenas um ponto.

| 22 |

Preste bem atenção ao que tem diante de si, seja uma opinião, um ato ou uma palavra. É justo que sofra, pois prefere ser bom amanhã a ser bom hoje.

| 23 |

O que faço, faço-o para o bem da humanidade. O que me acontece, aceito-o tendo como referência os deuses e aquela fonte de todas as coisas, da qual emana tudo o que acontece.

| 24 |

O que lhe recordam os banhos? Gordura, suor, sujeira, água suja, todas coisas repugnantes; assim também é cada parte da vida, sem contar o resto.

| 25 |

Lucila[7] viu Vero morrer, e depois Lucila morreu. Secunda viu Máximo morrer, e depois Secunda morreu. Epitincano viu Diótimo morrer, e depois Epitincano morreu. Antonino viu Faustina morrer, e depois Antonino morreu. Assim é sempre. Celer viu Adriano morrer, e depois Celer morreu. E esses homens perspicazes, ou videntes ou homens inflados de orgulho, onde estão eles? Por exemplo, os argutos Charax, Demétrio, o platônico, e Eudemon, e outros como eles? Todos viveram pouco, e estão mortos há muito tempo. Na verdade, alguns lembrados por breve tempo depois de mortos, outros se tornaram heróis de lendas e, de alguns, a própria lenda desapareceu. Lembre-se de que essa mistura corporal deve se dispersar ou esse espírito de vida deve também ser extinto ou removido ou trasladado para outro lugar.

| 26 |

O verdadeiro prazer do homem é fazer aquilo que é próprio do homem e isso consiste em mostrar boa vontade para com seus semelhantes, em controlar os impulsos dos sentidos, em distinguir as aparências da realidade e em observar a natureza universal e suas obras.

| 27 |

Existem três relações; uma com o corpo que nos envolve, outra com a causa divina, da qual tudo provém para todos; e a terceira com os semelhantes que nos cercam.

| 28 |

A dor ou é um mal para o corpo (então deixe o corpo dizer o que pensa dela) ou para a alma. Mas a alma sempre pode manter a própria serenidade e tranquilidade e não considerar a dor um mal, porque todo julgamento, impulso, desejo e aversão estão dentro da alma, e nenhum mal pode penetrar nela.

| 29 |

Apague todas as fantasias, repetindo muitas vezes para si mesmo: "Agora está em meu poder não deixar nenhuma maldade, ambição ou perturbação penetrar em minha alma, como está em meu poder discernir a natureza das coisas e fazer uso de cada uma delas segundo seu valor". Lembre-se desse poder que a natureza lhe concede.

| 30 |

Tanto no senado como com qualquer pessoa, fale de modo apropriado, usando uma linguagem simples, sem afetação.

| 31 |

A corte de Augusto[8], esposa, filha, descendentes, ancestrais, irmã, Agripa, parentes, íntimos, amigos, Areio, Mecenas, médicos e sacerdotes que presidiam os sacrifícios, todos estão mortos. Volte-se então para os outros, não considerando a morte de um único indivíduo, mas de toda uma linhagem, como a dos Pompeus[9], e o que está gravado no túmulo: "O último da família." Pense nos esforços de seus predecessores para deixar um sucessor e, no entanto, um deles deverá ser, necessariamente, o último. E assim, mais uma linhagem desaparece.

| 32 |

É seu dever coordenar bem sua vida em cada um de seus atos; e se cada ato realizar, tanto quanto possível, o que se espera dele em função de um objetivo, poderá ficar satisfeito, porque isso é algo que ninguém pode impedir. Mas pode haver interferência externa. Mesmo assim, essa não poderá afetar a justiça, a prudência e a sobriedade com que conduz seus atos. Mas algum efeito de suas ações pode ser obstruído. Em tal caso, aceitando esse impedimento, surgirá outra oportunidade de ação, igualmente apropriada, para que possa manter essa coordenação da vida de que falamos.

| 33 |

Aceite sem arrogância e esteja pronto a ceder sem relutância.

| 34 |

Talvez já tenha visto alguma vez uma mão cortada, ou um pé, ou uma cabeça separada do resto do corpo. É isso que o homem faz, sempre que pode, quando não aceita o que lhe acontece, quando se separa dos outros ou quando pratica qualquer ato antissocial. Suponha que tenha se separado da unidade da natureza e, embora criado como uma parte dela, você cortou essa estreita ligação. Ainda assim, existe a bela possibilidade de poder se unir novamente a ela. Deus não concedeu a nenhuma outra parte da natureza, depois de cortada e separada, de espontaneamente se unir ao todo de novo. Mas repare na bondade com que distinguiu o homem, ao lhe conceder o poder não somente de não se separar, mas uma vez separado, o poder de ele voltar a unir-se e reassumir seu lugar como parte.

| 35 |

Assim como a natureza universal deu a todo ser racional todos os poderes que ele tem, assim também lhe concedeu mais esse em particular, ou seja, assim como a natureza universal converte e fixa em seu lugar predestinado tudo o que se interpõe e se opõe a ela, e ajusta essas coisas como parte de si mesma, assim também o ser racional é capaz de fazer de cada obstáculo seu material e usá-lo para os propósitos que possa ter projetado.

| 36 |

Não se perturbe pensando em tudo o que pode sobrevir em sua vida. Não deixe seus pensamentos abraçar de uma vez todos os mais variados problemas com que puder se deparar, mas, antes, pergunte-se: "O que há nisso de intolerável e insuportável?" E ficará com vergonha de confessar a derrota. Além disso, lembre-se de que nem o futuro nem o passado o incomodam, mas apenas o presente.

Mas esse pode ser reduzido a muito pouco, se o circunscrever dentro de seus limites e repreender sua mente se ela for incapaz de suportar até mesmo isso.

| 37 |

Panteia[10] ou Pérgamo ainda estão sentados e chorando ao lado do túmulo de Vero? Ou Chabrias e Diótimo ao lado do túmulo de Adriano? Ridículo! Bem, supondo que ainda estivessem lá, os mortos estariam conscientes disso? E se os mortos estivessem conscientes, ficariam satisfeitos? E se estivessem satisfeitos, isso os tornaria imortais? Não estava na ordem do destino que essas pessoas também ficassem velhas e morressem? O que fariam os pranteados depois que os pranteadores morressem? Tudo isso em função de um saco cheio de mau cheiro e decomposição.

| 38 |

Se você pode ver com nitidez, olhe e julgue com sabedoria, diz o filósofo.

| 39 |

Na constituição de um ser racional, não vejo virtude alguma que se oponha à justiça; mas vejo uma virtude que se opõe ao amor e ao prazer, que é a temperança.

| 40 |

Se eliminar a ideia daquilo que imagina lhe causar dor, então seu eu estará em perfeita segurança. "O que é esse meu eu?" A razão. "Mas eu não sou todo razão", pode dizer. Que seja. Em tal caso, que a própria razão deixe de se perturbar a si própria. Mas se a outra parte de você sofre, que tenha a própria opinião sobre si mesma.

| 41 |

O impedimento às percepções dos sentidos é um mal para a natureza animal. O impedimento aos movimentos é igualmente um mal para a natureza animal. E outra coisa também é igualmente um impedimento e um mal para a constituição das plantas. Então, o que é um obstáculo para o espírito é um mal para a natureza do espírito. Aplique todas essas coisas, então, a si mesmo. A dor ou o prazer o afetam? Os sentidos tratarão disso. Algum obstáculo se opôs em seus esforços para alcançar um objetivo? Se estava, de fato, fazendo esse esforço incondicionalmente ou sem reserva, esse obstáculo é certamente um mal para você, como um ser racional que é. Mas se levar em consideração o curso normal das coisas, você não pode sofrer mal algum nem qualquer impedimento. Não há ninguém, contudo, que possa impedir o espírito dentro de seu âmbito, pois nem o fogo, nem a espada, nem um tirano, nem a calúnia podem atingi-lo. Quando feito esfera, continua esfera.

| 42 |

Eu, que nunca ofendi ninguém intencionalmente, não seria justo que me ofendesse ou magoasse a mim mesmo.

| 43 |

Um se alegra com uma coisa, e outro, com outra. Minha alegria consiste em manter sólida a faculdade soberana, a razão, sem me afastar de ninguém ou desconsiderar os eventos que atingem a humanidade, mas observando e aceitando tudo com serenidade e usando cada coisa de acordo com seu valor.

| 44 |

Aproveite o melhor possível o tempo presente, pois aqueles que preferem a fama da posteridade não consideram que os homens do futuro serão exatamente como os que não podem suportar agora; e igualmente mortais. E o que lhe importa o que os pósteros vão falar de você ou que opinião possam ter a seu respeito?

| 45 |

Leve-me e jogue-me onde quiser; pois ali hei de manter minha divindade, que está dentro de mim, tranquilo e satisfeito, se ela puder sentir e agir de acordo com a própria constituição. Essa mudança de lugar será motivo suficiente para que minha alma seja infeliz e pior do que era, deprimida, aflita, suplicante, assustada? Pode encontrar alguma coisa que mereça tudo isso?

| 46 |

Nada pode acontecer a um homem que não diga respeito à sua condição de homem, nem a um boi que não esteja de acordo com a natureza de um boi, nem a uma videira que não esteja de acordo com a natureza de uma videira, nem a uma pedra que não seja próprio de uma pedra. Se acontece a cada coisa o que é normal e natural, por que você deveria reclamar? A natureza não traz nada que você não possa suportar.

| 47 |

Se está sofrendo por qualquer coisa externa, não é essa coisa que o faz sofrer, mas a avaliação que você faz dela; e está em seu poder anular essa avaliação quando bem quiser. Mas se é sua situação que o faz sofrer, quem lhe impede de corrigir seu rumo? E mesmo que esteja magoado porque não está fazendo alguma coisa específica que lhe pareça correta, por que fica se queixando em vez de agir? "Mas há um obstáculo insuperável no caminho." Não se preocupe então, pois a causa da omissão não depende de você. "Mas não vale a pena viver, se isso não pode ser feito." Então parta dessa vida contente, exatamente como morre aquele que está em plena atividade, e bem satisfeito também com os obstáculos que o impediram de fazer o que pretendia.

| 48 |

Lembre-se de que a faculdade que tudo rege é invencível quando se recolhe em si mesma, se não fizer nada do que não queira fazer, mesmo que resista por mera obstinação. O que será, então, quando sua decisão for baseada na razão e na serena e plena deliberação? Um espírito livre de paixões é, portanto, uma cidadela, pois o homem não tem lugar mais seguro onde possa se refugiar e resistir a qualquer investida. Quem não se convence disso é ignorante; mas quem está convencido e não se abriga nesse refúgio é um infeliz.

| 49 |

Não diga nada a si mesmo além do que mostram as primeiras aparências. Suponha que lhe tenha sido dito que certa pessoa fala mal de você; só isso lhe foi dito e não que você ficou magoado por isso.

Vejo meu filho doente; é só isso que vejo, mas não que está em perigo de morte. Assim, preste atenção somente às primeiras aparências e não lhes acrescente nada mais, e então nada lhe acontecerá. Ou melhor, acrescenta-lhes algo como homem que entende a natureza de tudo o que acontece no universo.

| 50 |

O pepino é amargo? Jogue-o fora. Há espinhos pelo caminho? Passe ao lado. É o que basta. Não continue dizendo "Por que essas coisas foram criadas no mundo?" Você seria ridicularizado por um homem familiarizado com a natureza, como o seria também por um carpinteiro ou por um sapateiro, se os criticasse por ver nas oficinas deles aparas e sobras de material do que estão fazendo. E, no entanto, eles têm onde pôr as sobras, ao passo que a natureza não tem espaço externo para tanto; mas o maravilhoso de sua obra é que, apesar dessa limitação, ela transforma em si mesma todas as coisas que dentro dela parecem decair, envelhecer e se tornar inúteis, criando novas a partir delas, de modo que não necessita de nenhuma substância de fora nem precisa de um lugar onde ela possa jogar o que se decompõe. Ela se contenta, pois, com o próprio espaço, a própria matéria e a própria arte.

| 51 |

Não seja indolente em suas ações, nem seja incoerente em sua conversa, nem divague em seus pensamentos, nem deixe que haja conflitos em sua alma, nem revele externamente uma alma demasiado efusiva, nem ande tão ocupado na vida que não sobre tempo para o lazer. Suponha que os homens o matem, o façam em pedaços e o amaldiçoem. Como é que isso pode impedir seu espírito de continuar puro, sábio, sóbrio e justo? Por exemplo, se alguém se postar perto de uma fonte límpida e pura e amaldiçoá-la, a fonte nunca deixará de jorrar água potável; e se jogar lama e outras imundícies dentro dela, a fonte logo as dispersará e lavará, livrando-se de toda a poluição. Como é que você poderia possuir uma fonte perene e não um mero poço? Procurando aperfeiçoar-se a toda hora na liberdade conjugada com alegria, simplicidade e modéstia.

| 52 |

Quem não sabe o que é o mundo não sabe onde está. E quem não sabe para que existe o mundo não sabe quem é, nem o que o mundo é. Aquele que desconhecer totalmente qualquer uma dessas razões não poderia nem mesmo dizer para que propósito ele existe. O que pensa, então, daquele que procura os aplausos dos homens que não sabem onde estão nem quem são?

| 53 |

Gostaria de ser elogiado por um homem que se amaldiçoa três vezes por hora? Gostaria de agradar a um homem que não está contente consigo mesmo? E como é que um homem pode estar contente consigo mesmo, se se arrepende de quase tudo o que faz?

| 54 |

Não deixe mais sua respiração agir somente em harmonia com o ar que o cerca, mas que sua inteligência também esteja sempre em harmonia com a inteligência que abrange todas as coisas. Essa força inteligente não está menos difundida em tudo e em toda parte, para aquele que deseja atraí-la para si, do que o ar para aquele que pode respirá-lo.

| 55 |

Geralmente, a maldade não causa nenhum dano ao universo; e particularmente, a maldade de um homem não faz mal a outro. Só é prejudicial para o próprio maldoso, que pode libertar-se dela quando quiser.

| 56 |

A meu livre-arbítrio, o livre-arbítrio de meu vizinho é tão indiferente como sua respiração e sua carne. Embora tenhamos sido feitos especialmente para o bem uns dos outros, ainda assim o poder que tudo rege em cada um de nós tem a própria força e os próprios objetivos, pois, de outra forma, a maldade de meu vizinho se tornaria meu mal, o que Deus não quis, a fim de que minha infelicidade não dependesse de outro.

| 57 |

O Sol parece derramar-se em todas as direções; de fato, ele se difunde, mas não se derrama. Essa difusão é uma extensão de si próprio; por conseguinte, seus raios são chamados de extensões exatamente porque se estendem. Mas podemos constatar o que é um raio, se olharmos para a luz do Sol passando por uma estreita abertura para dentro de uma sala escura, pois a luz se estende em linha reta até encontrar um corpo sólido que lhe intercepta a passagem e não vai além, mas ali permanece fixa, sem deslizar nem descair. Assim deve ser a direção e a difusão do pensamento; não deve ser uma efusão de si próprio, mas uma extensão, sem colidir violenta ou impetuosamente contra os obstáculos que encontra, nem cair, mas ficar firme e iluminar aquilo em que pousa. Um corpo que não admite isso, se priva a si mesmo da luz.

| 58 |

Quem teme a morte tem medo de perder as sensações ou receia um tipo diferente de sensações. Mas se não tiver sensações, não sentirá nada, nenhum mal, e se tiver um tipo diferente de sensações, será um novo e diferente ser vivo e não terá deixado de viver.

| 59 |

Os homens existem uns para os outros. Ensine-lhes, portanto, a se tornar melhores ou suporte-os.

| 60 |

A flecha se move de um modo, mas o espírito, de outro. De fato, o espírito, mesmo quando anda com cautela estudando o caminho ou quando anda por todos os lados em busca do que pretende, sempre segue em frente para atingir seu objetivo.

| 61 |

Penetre na faculdade que rege o espírito do outro e deixe que o outro penetre na sua.

MARCO AURÉLIO

---------------- NOTAS ----------------

1. Alexandre Magno (356-323 a.C.), rei da Macedônia, que, com suas sucessivas conquistas, em pouco tempo se tornou senhor do mundo oriental da época, que ia da Grécia e Egito até a Índia. (N.T.)

2. Referência a Caio Júlio César (101-44 a.C.), estadista romano, grande general de exército, conquistador da Gália (atual França), tomou o poder em Roma, subjugando os adversários ou revoltosos em todo o território do império, especialmente na Espanha e no Egito. (N.T.)

3. Cnaeus Pompeius Magnus, conhecido na história como Pompeu, o Grande (106-48 a.C.), general e político romano, celebrizou-se por suas vitórias no norte da África e em todo o Oriente próximo, conquistando novos territórios ou subjugando insurreições. Aliado de Júlio César na tomada do poder em Roma, depois adversário declarado, fugiu para o Egito, onde foi assassinado. (N.T.)

4. Diógenes, o Cínico (404-323 a.C.), filósofo grego; nenhum texto dele chegou até nós, mas suas teses filosóficas nos foram transmitidas por outros autores da antiguidade; é considerado pelos estoicos como o precursor intelectual de Zenon, fundador do estoicismo. (N.T.)

5. Heráclito de Éfeso (550-480 a.C.), filósofo grego. (N.T.)

6. Sócrates (470-399 a.C.), filósofo grego que não deixou nenhuma obra escrita; suas teses filosóficas se tornaram conhecidas graças a seu discípulo Platão, que as resumiu e as transmitiu em suas obras. (N.T.)

7. Marco Aurélio, neste parágrafo, recorda várias pessoas que frequentaram a corte imperial, algumas delas parentes e outras que recobriam cargos ou funções. Lucila e Vero eram os pais de Marco Aurélio. Máximo era professor de filosofia de Marco, e Secunda, a mulher desse professor. O imperador Antonino era pai adotivo de Marco. Celer foi secretário do imperador Adriano, antecessor de Antonino Pio. Dos demais nada se sabe, a não ser de Eudemon, que seria famoso astrólogo. (N.T.)

8. Trata-se de Caius Julius Caesar Octavianus Augustus (63 a.C.-14 d.C.), mais conhecido na historiografia como César Augusto, imperador romano. Marco Aurélio cita nominalmente só Agripa e Mecenas, os dois principais ministros de Augusto, e Areio, filósofo estoico, confidente e conselheiro do imperador. (N.T.)

9. Marco Aurélio se refere a Cnaeus Pompeius Magnus ou Pompeu, o Grande (106-48 a.C.), e ao filho deste, Sextus Pompeius Magnus (75-35 a.C.), personagens que estiveram no centro da vida política e militar Roma. (N.T.)

10. Panteia teria sido amante, e Pérgamo um escravo liberto, de Lúcio Vero, imperador romano (161-169) junto com Marco Aurélio. Os outros são desconhecidos, a não ser o imperador Adriano (117-138), antecessor de Antonino Pio, pai adotivo de Marco Aurélio. (N.T.)

LIVRO IX

| 1 |

Quem age de modo injusto é culpado de impiedade. Uma vez que a natureza universal criou os seres racionais para se ajudar uns aos outros de acordo com seus méritos, e de forma alguma para magoá-los, aquele que transgride a vontade dela é claramente culpado de impiedade para com a mais alta divindade. E quem mente também é culpado de impiedade contra a mesma divindade; pois a natureza universal é a natureza da própria existência; e a existência estabelece uma estreita relação entre todas as coisas criadas. Além disso, essa natureza universal é chamada de verdade e é a causa principal de todas as coisas verdadeiras. Aquele que mente intencionalmente é culpado de impiedade, pois age de modo injusto, enganando; e também aquele que mente involuntariamente, na medida em que está em desacordo com a natureza universal, e na medida em que perturba a ordem, opondo-se à natureza organizada do mundo; de fato, opõe-se a ela, porque se deixa levar para o que é contrário à verdade, ao negligenciar de tal forma os poderes que a natureza lhe deu que não consegue mais distinguir a falsidade da verdade. Na realidade, quem busca o prazer como um bem e evita a dor como um mal também é culpado de impiedade. Esse, que assim age, deve muitas vezes e necessariamente criticar a natureza universal, alegando que ela atribui coisas aos maus e aos bons contrariamente a seus méritos, porque, com frequência, são os maus que gozam dos prazeres e possuem as coisas que proporcionam prazer, ao passo que os bons têm como partilha a dor e as coisas que causam dor. Além disso, aquele que tem medo da dor às vezes também terá medo do que acontece no mundo, e mesmo isso é impiedade. E aquele que busca o prazer não vai se deter nem mesmo diante daquilo que é injusto; e isso é claramente impiedade. Ora, com relação às coisas pelas quais a natureza universal é indiferente (pois ela não teria criado a dor e o prazer, se não fosse indiferente a ambos), aquele que deseja seguir a natureza deve ter a mesma opinião que ela e a mesma indiferença. Aquele que não se mostra indiferente à dor e ao prazer, à vida e à morte, à honra e à desonra, coisas que a natureza universal considera igualmente indiferentes, é manifestamente culpado de impiedade. Quando digo que a natureza universal as considera indiferentes, quero dizer que todas as coisas criadas passam sucessivamente pelas mesmas situações e experiências, em razão de certo impulso inicial da Providência, segundo o qual ela estabeleceu essa ordenação das coisas no mundo, além de ter concebido e fixado o plano de tudo o que deveria existir, com distintos poderes de produzir seres, mutações e sucessões.

| 2 |

O destino mais feliz para o homem seria deixar a companhia dos semelhantes e partir deste mundo sem ter conhecido a mentira, a hipocrisia, o luxo e o orgulho. A melhor escolha, no entanto, é acabar com a vida quando se está farto dessas coisas, como diz o ditado: "Você está decidido a viver no meio dos vícios e a experiência ainda não o induziu a fugir dessa pestilência?" Porque a corrupção do espírito é uma pestilência muito mais do que qualquer corrupção e desordem dessa atmosfera que nos cerca. Uma é pestilência de animais, enquanto animais, a outra o é de homens, enquanto homens.

| 3 |

Não despreze a morte, mas contente-se com ela, pois ela é uma das coisas que a natureza quer. Tal como é ser jovem e envelhecer, crescer e atingir a maturidade, ter dentes, barba e cabelos grisalhos, gerar e dar à luz, tal como todos os outros processos naturais que as estações da vida nos trazem, assim também é a dissolução. Por isso um homem sensato não deve encarar a morte com leviandade, com impaciência ou com desdém, mas esperar por ela como um dos processos normais da natureza. Como agora espera pelo momento em que a criança sair do ventre de sua esposa, esteja pronto para o momento em que sua alma haverá de sair desse invólucro. Mas se quiser um tipo mais simples de consolo, que vai tocar seu coração, não há maior conforto do que ter presente os objetos de que vai se livrar e certos tipos de pessoas com quem não terá mais de conviver. Não que deva pensar que essas pessoas são danosas, pois seu dever é cuidar delas também e, pelo menos, tolerá-las; lembre-se, porém, de que vai se despedir de pessoas que têm princípios diferentes dos seus. Pois essa é a única coisa, se é que existe, que poderia nos levar ao caminho contrário e nos prender à vida, ou seja, poder viver com aqueles que têm os mesmos princípios que nós. Mas agora que percebe quão grande é a discordância reinante entre aqueles que vivem juntos, pode serenamente dizer: "Vem depressa, morte, para que eu não acabe me esquecendo de mim mesmo".

| 4 |

Aquele que faz o mal, faz o mal contra si mesmo. Aquele que age com injustiça, age injustamente contra si mesmo, pois acaba por se tornar mau.

| 5 |

Muitas vezes age injustamente quem deixa de fazer certa coisa e não somente quem a faz.

| 6 |

É suficiente que sua opinião atual esteja fundada na convicção, sua conduta atual voltada para o bem social e sua disposição atual no contentamento com tudo o que acontece.

| 7 |

Apague a fantasia, controle os desejos, extinga o apetite, mantenha a razão soberana no poder.

| 8 |

As criaturas irracionais são animadas por um princípio vital específico e único, enquanto as criaturas racionais o são por um princípio espiritual específico e único; assim como há uma única terra para todas as coisas terrenas, assim também todos nós, que somos dotados de visão e de respiração, vemos com a mesma e única luz e respiramos o mesmo e único ar.

| 9 |

Todas as coisas que possuem um elemento comum tendem a se unir às de seu tipo. Tudo o que é terreno é atraído para a terra, tudo o que é líquido flui junto e o mesmo ocorre com tudo o que é do ar, de modo que é necessário levantar barreiras para mantê-los separados à força. As chamas se movem para cima por causa do fogo elemental, mas estão prontas a arder junto com todo o fogo, que qualquer matéria, desde que um tanto seca, se inflama facilmente, porque são poucos seus ingredientes que impedem a ignição. Por conseguinte, tudo o que participa da natureza inteligente comum se move da mesma maneira para o que é do mesmo tipo. Ou mais fortemente ainda, pois, sendo superior em comparação com todas as outras coisas, está mais propenso a se misturar e a se fundir com o que lhe é semelhante. Assim, entre os animais desprovidos de razão, encontramos enxames de abelhas, rebanhos de gado, aves fazendo colônias de ninhos e criando os filhotes, pois mesmo nos animais há alma e aquela força que os une se revela com uma intensidade que jamais poderá ser observada nas pedras ou nas árvores. Mas nos seres racionais existem comunidades políticas, amizades, famílias e encontros de pessoas; e nas guerras, há tratados e armistícios. Entre as espécies mais elevadas ainda, embora separadas umas das outras, existe outra forma de unidade, como nas estrelas. Assim, até nos graus superiores da criação, pode-se encontrar indícios de real simpatia entre coisas separadas por incomensuráveis distâncias. Veja, então, o que acontece agora, pois só os seres inteligentes esqueceram esse desejo e inclinação mútuos de união, e somente neles a tendência a sempre convergir não é observada. Mas, ainda assim, embora os homens se esforcem para evitar essa união, eles são apanhados e mantidos seguros por ela, a natureza, que é forte demais para eles. Para se dar conta do que digo, basta observar. Mais depressa haverá de encontrar qualquer coisa terrena que não tenha relação com nenhuma outra coisa terrena, do que um homem totalmente separado dos outros homens.

| 10 |

Tanto o homem como Deus e o universo produzem frutos, cada um nas estações apropriadas. Mas se o uso fixou especialmente esses termos para a videira e coisas semelhantes, não importa. A razão produz frutos para todos e para si própria, e ela produz ainda outras coisas que trazem o sinete da própria razão.

| 11 |

Se for capaz, corrija ensinando aos que erram; mas se não puder, lembre-se de que a indulgência lhe é dada para esse propósito. Os deuses também são indulgentes com essas pessoas; e são tão indulgentes que, para alguns propósitos, até as ajudam a obter saúde, riqueza, reputação. Você também poderia fazer isso, quem o impede?

| 12 |

Trabalhe não como um miserável, nem como alguém que fosse digno de pena ou de admiração. Deseje apenas uma coisa: trabalhar sempre, sabendo moderar-se, segundo o exige a boa razão social.

| 13 |

Hoje me livrei de todos os problemas, ou melhor, joguei-os fora, porque não estavam fora, mas dentro e em minhas opiniões.

| 14 |

Em nossa experiência, todas as coisas são corriqueiras, de efêmera duração e de conteúdo trivial; tudo agora é exatamente como era no tempo daqueles que enterramos.

| 15 |

As coisas estão fora de nós, são o que são, não sabem nada sobre si mesmas, nem exprimem qualquer julgamento. O que é então que as julga? Nossa razão.

| 16 |

Não é na passividade, mas na ação que reside o bem e o mal do ser racional social racional, assim como sua virtude e seu vício não residem na passividade, mas na ação.

| 17 |

Para a pedra atirada para cima não há nenhum mal em descer, nem, na verdade, nenhum bem em ter subido.

| 18 |

Penetre bem fundo nos princípios que guiam os homens, e verá que juízes você teme e que tipo de juízes eles são para si próprios.

| 19 |

Todas as coisas estão em processo de mudança e você mesmo está em contínua transformação e, de certa forma, em contínua deterioração; e todo o universo também.

| 20 |

A má ação do outro, deixe-a ficar onde está.

| 21 |

A cessação da atividade, a interrupção do movimento e da opinião e, em certo sentido, sua morte, não é um mal. Volte agora seus pensamentos para considerar as fases de sua vida, sua vida como criança, como jovem, depois sua vida adulta e sua velhice, pois também nessas etapas, todas as mudanças eram uma morte. E isso lhe pareceu assustador? Volte agora seus pensamentos para sua vida sob seu avô, depois com sua mãe, com seu pai; e depois de constatar as muitas diferenças, mudanças e interrupções, pergunte-se a si mesmo: E isso era algo para temer? Da mesma maneira, a interrupção, a cessação e a mudança de toda a sua vida não são tampouco coisas a temer.

| 22 |

Disponha-se a analisar a própria razão, a do universo e a do vizinho: a sua, para que possa torná-la justa; a do universo, para que se lembre daquilo de que é uma parte; e a de seu próximo, para que chegue a saber se ele caminha na ignorância ou com conhecimento de causa e também para reconhecer se a razão dele combina com a sua.

| 23 |

Como você é uma parte componente de um sistema social, que todos os seus atos sejam praticados em função e em benefício da vida social. Qualquer ato, portanto, que não tenha nenhuma relação imediata ou remota com esse objetivo social, desarticula sua vida e a impede de conservar sua unidade, além de constituir um ato sedicioso, como ocorre quando alguém de uma comunidade procura somente os próprios interesses, dissociando-se do acordo geral.

| 24 |

Brigas de crianças em suas brincadeiras! Pobres espíritos carregando cadáveres a esmo! Ora, o que é exibido na representação da mansão dos mortos impressiona mais claramente nossos olhos.

| 25 |

Examine a qualidade da forma de um objeto, separe-a inteiramente de sua parte material e contemple-a; então determine o tempo, o mais longo possível para uma coisa dessa qualidade peculiar, que pode naturalmente subsistir.

| 26 |

Você teve de suportar inúmeros sofrimentos por não ficar satisfeito com sua razão quando ela faz coisas que é de sua natureza fazer. Pare com isso!

| 27 |

Quando alguém o culpar ou o odiar, ou quando os homens proferirem coisas injuriosas contra você, aproxime-se de suas pobres almas, penetre nelas para ver que espécie de homens são. Descobrirá que não há razão para se preocupar com a opinião que esses homens têm de você. Deve, no entanto, se dispor a tratá-los bem, pois, por natureza, são seus amigos. E os próprios deuses os ajudam de todas as formas, por meio de sonhos, de sinais, para a obtenção daquelas coisas a que dão valor.

| 28 |

Os movimentos periódicos do universo são sempre os mesmos, para cima e para baixo, de era em era. Ou o espírito universal se põe em movimento para cada efeito separado, e, se assim for, contente-se com o resultado que disso advém; ou se põe em movimento uma só vez e todo o resto vem em sequência; ou elementos indivisíveis são a origem de todas as coisas. Numa palavra, se existe um deus, tudo está bem; e se for o acaso que governa, pelo menos você não precisa agir ao acaso. Em breve a terra vai nos cobrir a todos: depois a terra também mudará, e também as coisas que resultam da mudança continuarão a mudar e estas também e assim sem cessar, para sempre. Se o homem refletir sobre as mudanças e transformações que se seguem umas às outras como onda após onda, sobre a rapidez como isso ocorre, desprezará tudo o que é perecível.

| 29 |

A causa universal é como uma torrente impetuosa: leva tudo consigo. Mas como são insensatos esses pobres homens que se envolvem em questões políticas e, como supõem, estão bancando os filósofos! Conversa fiada. Pois bem, homem: faça o que a natureza exige. Ponha-se em movimento, se puder, e não olhe ao seu redor para ver se alguém o observa; nem fique esperando a comunidade ideal preconizada por Platão, mas fique satisfeito se a menor ação acabar bem, e não considere isso como algo insignificante. Porque quem pode mudar as opiniões dos homens? E sem mudança de opinião, o que mais há do que escravidão de homens que gemem enquanto fingem obedecer? Venha agora e me fale sobre Alexandre e Filipe[1], sobre Demétrio de Falero[2]. Eles mesmos julgarão se descobriram o que a natureza exigia e decidirem a segui-la. Mas se eles agiram como heróis de teatro, ninguém me condenou a imitá-los. Simples e modesto é o trabalho da filosofia. Não tente me induzir à insolência e ao orgulho.

| 30 |

Olhe de cima para os incontáveis rebanhos de homens e suas incontáveis solenidades, e as viagens infinitamente variadas em tempestades e calmarias, e as diferenças entre aqueles que nascem, vivem juntos e morrem. E considere, também, a vida vivida por outros em tempos passados, a vida daqueles que viverão depois de você, a vida agora vivida entre nações bárbaras, e quantos não sabem nem mesmo o nome que você tem e quantos logo o esquecerão, e como aqueles que talvez agora o elogiam, muito em breve o insultarão, e que, portanto, nem a memória, nem a reputação, nem qualquer outra coisa têm valor.

| 31 |

Tente não se perturbar com as coisas que têm origem numa causa externa e tente ser justo nas coisas feitas em consequência de uma causa interna, isto é, que a disposição da vontade e a ação resultem em atos sociais, pois é o que é conforme à sua natureza.

| 32 |

Você pode se livrar de muitas coisas inúteis que o perturbam, pois são meras criações de sua imaginação; então sua mente poderá vagar pela imensidão do universo, contemplando a eternidade do tempo e observando a rapidez da mudança de todas as coisas, além de se inteirar do breve espaço de tempo que decorre entre o nascimento e a dissolução, e o ilimitado tempo que já existiu antes do nascimento, bem como o tempo igualmente ilimitado que se segue à dissolução!

| 33 |

Tudo o que você vê agora haverá de perecer rapidamente, e todos aqueles que viram seu desaparecimento logo haverão de perecer também. Pode-se concluir, pois, que a condição daquele que morre em idade avançada se equipara com aquele que morre prematuramente.

| 34 |

Que princípios têm esses homens, com que tipo de coisas se ocupam e por quais razões se dedicam aos outros e os prestigiam? Imagine que pudesse penetrar no fundo de suas almas. E eles acham que suas críticas causam dano e que seus elogios são altamente benéficos. Como são presunçosos!

| 35 |

A perda nada mais é do que mudança. E é na mudança que a natureza universal se deleita; em obediência a ela todas as coisas agora são bem feitas, e desde a eternidade foram feitas da mesma forma, e assim o serão por todo o sempre. Por que então anda dizendo que todas as coisas são ruins e o serão sempre e que não há nenhum poder entre tantos deuses que consiga corrigi-las e que o mundo está condenado a ficar subjugado a uma sucessão de males sem fim?

| 36 |

Como é podre a substância material de tudo! Água, poeira, ossos, imundícies. E mais, o mármore não passa de calosidades da terra, ouro e prata, seus resíduos; nossas roupas, apenas pedaços de cabelo, e a cor púrpura, sangue; e assim com todas as outras coisas, até com o sopro vital, passando sempre de uma mudança para outra.

| 37 |

Chega dessa vida miserável, de murmúrios sem fim e de tolices. Por que se perturba? O que há de novo? O que o incomoda? A forma da coisa? Olhe para ela. A matéria? Olhe também para ela. Mas além dessas, não há nada. Tente então tornar-se finalmente mais simples e melhor perante os deuses. Dá na mesma, se observar essas coisas por cem anos ou por três.

| 38 |

Se alguém fez algo errado, o dano é dele. Mas talvez não tenha feito nada errado.

| 39 |

Ou todas as coisas procedem de uma fonte inteligente e se reúnem para formar um corpo, e a parte não deve criticar o que é feito em benefício do todo; ou há apenas átomos, e nada mais que mistura confusa e dispersão. Por que, então, está perturbado? Diga à razão que tudo rege: "Acaso está morta, está corrompida, está bancando a hipócrita, desceu ao nível de um animal e anda pastando com o resto do rebanho?"

| 40 |

Ou os deuses não têm poder ou têm poder. Se não têm poder, por que os invoca? Mas se têm poder, por que não ora para que lhe deem a faculdade de não temer nenhuma das coisas que teme, ou de não cobiçar nenhuma das coisas que cobiça, ou de não se afligir por nada, em vez de orar para que nenhuma dessas coisas aconteça ou não aconteça? De fato, se eles podem cooperar com os homens, podem cooperar para esses propósitos. Mas talvez você replique que os deuses puseram tudo isso a seu alcance. Bem, então, não é melhor usar o que está em seu poder como homem livre do que desejar de maneira servil e abjeta o que não está em seu poder? E quem lhe disse que os deuses não nos ajudam nem nas coisas que estão em nosso poder? Comece, então, a orar por essas coisas e verá. Se outro homem ora assim: "Como irei conseguir possuir aquela mulher?" Ore assim: "Como vou conseguir não desejar possuí-la?" Quando outro ora assim: "Como posso me livrar disso?" Ore: "Como posso não desejar me livrar disso?" Outro ainda ora dessa maneira: "Como vou conseguir não perder meu filho?" Ore desse modo: "Como não ter medo de perdê-lo?" Enfim, dê outra forma a suas orações e verá o que acontece.

| 41 |

Epicuro[3] diz: "Quando eu estava doente, minhas conversas não giravam em torno de meus sofrimentos corporais, nem falava sobre isso com aqueles que me visitavam; mas continuava a discorrer sobre a natureza das coisas como antes, salientando esse ponto, ou seja, como a mente, enquanto participa desses abalos que ocorrem na pobre carne, deve se manter livre de perturbações e buscar o próprio bem". E diz ainda: "Nem dei aos médicos a oportunidade de se orgulhar de seu trabalho, como se estivessem colhendo grandes resultados, mas minha vida continuava de modo tranquilo e feliz". Faça, então, o mesmo que ele fez tanto na doença como em quaisquer outras circunstâncias e nunca abandone a filosofia em qualquer coisa que possa lhe acontecer; de igual modo, nunca tome parte em conversas tolas, próprias dos ignorantes ou daqueles que não estão familiarizados com as leis da natureza; esse é um princípio de todas as escolas de filosofia. Concentre-se, pois, somente no que está fazendo agora e no instrumento que possui para fazê-lo.

| 42 |

Quando se sentir ofendido pela insolente conduta de alguém, pergunte-se imediatamente: "Será que o mundo pode existir sem insolentes?" Não, não é possível. Não exija então o que é impossível. Esse indivíduo é um desses insolentes que devem necessariamente existir no mundo. Tenha bem presente essas considerações em sua mente quando se deparar com um velhaco ou com um desleal e com qualquer outro que agir de forma errada. Ao mesmo tempo em que se lembrar de que é impossível que esse tipo de homem não exista, haverá de se tornar mais bondoso para com cada um individualmente.

É útil perceber também e de imediato, quando surgir a ocasião, que virtude a natureza deu ao homem para que possa se opor a todo ato ilícito. De fato, ela deu ao homem, como antídoto contra o homem tolo, a brandura, e contra outros tipos de homem, outros corretivos. E em todos os casos é possível corrigir o homem que se desencaminhou, pois todo aquele que erra perde seu objetivo e se extravia. Além disso, em que se sentiu ofendido? Pois haverá de descobrir que ninguém entre aqueles contra os quais você está irritado fez qualquer coisa que pudesse piorar seu espírito; mas o que é mau e prejudicial para você tem fundamento unicamente no espírito. E que mal há ou que há de estranho, se o homem que não foi instruído pratica atos de um homem não instruído? Pense, portanto, se não deveria se culpar a si mesmo, por não prever que esse indivíduo haveria de errar dessa maneira. Você, em virtude de sua razão, tinha todos os meios disponíveis para supor que ele haveria de cometer esse erro; e ainda assim, você se esqueceu e agora está surpreso por ele ter errado. Acima de tudo, quando se revoltar contra alguém por sua deslealdade ou ingratidão, volte primeiro seu pensamento para si mesmo. A culpa é manifestamente sua, se confiou que um homem que tinha essa disposição haveria de cumprir sua promessa, ou ao lhe fazer o bem, não o fez absolutamente sem reservas, ou seja, não como se a ação em si própria já fosse sua recompensa. O que mais quer, depois de prestar um serviço? Não fica contente por ter feito algo conforme a sua natureza, e ainda procura ser pago por isso? É como se os olhos exigissem uma recompensa por enxergar, ou os pés por andar. É justamente para essa finalidade que eles existem e, ao fazerem aquilo para o qual foram criados, eles obtêm o que lhes compete. Da mesma forma, o homem é criado pela natureza para atos de benevolência; e quando ele praticar qualquer boa ação ou qualquer outra coisa para o bem comum, fez aquilo para o que foi criado e já recebeu seu pagamento.

NOTAS

[1] Filipe II (382-336 a.C.), rei da Macedônia e pai de Alexandre Magno (356-323 a.C.), que, com suas sucessivas conquistas, em pouco tempo se tornou senhor do mundo oriental da época, que ia da Grécia e Egito até a Índia. (N.T.)

[2] Demétrio de Falero (350-283 a.C.), estadista, filósofo e orador grego, governou Atenas de 317 a 307. (N.T.)

[3] Epicuro (341-270 a.C.), filósofo grego, fundador da doutrina chamada epicurismo, que, no aspecto moral, ensina a gozar dos bens materiais e espirituais do mundo com ponderação e medida, a fim de perceber a excelência desses bens em sua natureza, que, em sua essência, é boa. (N.T.)

ao *terceiro* logou para o qual foram criados, eles obtêm o que lhes compete. Da mesma forma, o homem é criado pela natureza para atos de benevolência; e quando ele pratica qualquer bom ato ou qualquer outra coisa para o bem comum, faz aquilo para o que foi criado e *tem* o seu *seu* pagamento.

NOTAS

[notes illegible]

LIVRO X

| 1 |

Ó minha alma, será que nunca vai querer ser boa, simples, una e despojada, mais transparente que o corpo que a envolve? Nunca haverá de desfrutar de uma disposição afetuosa e alegre? Nunca haverá de ficar satisfeita e sem carência de qualquer espécie, nunca suspirando por nada mais, nem ansiando por nada, animado ou inanimado, que lhe dê prazer? Nem desejando mais tempo para prolongar seu prazer, nem lugar ou clima agradável, nem a companhia de homens com quem possa viver em harmonia? Quando é que haverá de ficar satisfeita com sua condição atual, com tudo o que a cerca e convencida de que tem tudo, de que tudo vem dos deuses, que tudo está bem para você e sempre vai estar tudo o que agrada a eles e tudo o que é destinado por eles para a conservação do ser vivo perfeito, que é bom, justo e belo, que gera e mantém unidas todas as coisas, que as protege e abraça e que, em sua dissolução, as absorve em si para que outras semelhantes possam nascer? Será que nunca vai chegar a uma comunhão com os deuses e os homens, de modo a não receber qualquer queixa deles nem ser recriminada por eles?

| 2 |

Observe o que sua natureza pessoal exige, na medida em que você é governado apenas pela natureza: então faça-o e aceite-o, se sua natureza física, na medida em que você é um ser vivo, não for prejudicada por isso. Deve observar também o que sua natureza física requer, na medida em que você é um ser vivo. E pode se permitir tudo isso, se sua natureza racional, na medida em que você é um ser racional, não se tornar pior. Lembre-se, contudo, que o ser racional é também um ser social. Siga essas regras e não se preocupe com nada mais.

| 3 |

Tudo o que acontece, ou acontece de tal maneira que a natureza o preparou para suportá-lo ou que ela não o preparou para tanto. Se lhe acontecer qualquer coisa para a qual está preparado pela natureza para suportá-la, não reclame, mas suporte-a de acordo como foi preparado. Mas se lhe acontecer de tal maneira que não esteja preparado pela natureza a suportá-la, não reclame, pois essa coisa perecerá depois de tê-lo vencido. Lembre-se, no entanto, de que a natureza lhe deu forças para suportar tudo o que seu julgamento considerar suportável e tolerável, e pensando que é seu interesse ou seu dever fazê-lo.

| 4 |

Se um homem estiver enganado, admoeste-o com delicadeza e mostre-lhe seu erro. Mas, se não conseguir convencê-lo, culpe a si mesmo ou então não culpe ninguém.

| 5 |

O que quer que lhe aconteça, foi preparado para você desde toda a eternidade; e a concatenação de causas entrelaçou, desde sempre, o fio de seu ser com esse incidente.

| 6 |

Se o universo é uma coesão de átomos ou se a natureza é um sistema, que minha primeira convicção seja a de que sou uma parte do todo que é governado pela natureza; e a segunda, a de que estou, de alguma maneira, intimamente ligado com todas as partes que são semelhantes a mim. Se me lembrar disso, sendo eu uma parte, não ficarei descontente com nenhuma das coisas que me são atribuídas, vindas do todo; pois nada é prejudicial à parte, se for para o bem do todo e o todo não contém nada que não seja bom para ele próprio. Na verdade, todos os organismos naturais têm esse princípio comum, mas a natureza do universo tem mais outro princípio, que a distingue, ou seja, de que não pode ser compelida nem mesmo por nenhuma causa externa a produzir algo prejudicial a si mesma. Ao lembrar, então, que sou parte desse todo, aceitarei de bom grado tudo o que acontecer. E visto que estou intimamente ligado com as partes que são semelhantes a mim, nada farei de antissocial, mas, pelo contrário, junto com elas envidarei todos os meus esforços em prol do bem comum, não permitindo que algo concorra contra isso. Ora, fazendo assim, a vida deve fluir tranquila e feliz, como se pode observar que é feliz a vida do cidadão cujos atos são sempre realizados a serviço e para o bem de seus compatriotas e que está sempre pronto a aceitar e a desempenhar qualquer tarefa que o Estado lhe atribui.

| 7 |

As partes do todo, quero dizer tudo o que está naturalmente compreendido no universo, devem necessariamente perecer; mas isso deve ser entendido no sentido de que têm de sofrer mudança. Mas se, por sua natureza, essa mudança fosse necessária e, ao mesmo tempo, um mal para as partes, o todo não continuaria a existir em boas condições, uma vez que as partes estão sujeitas a mudanças e constituídas de modo a perecer de várias maneiras. Teria então a própria natureza planejado danificar as coisas que são partes de si mesma e torná-las não somente sujeitas ao mal, mas também condenando-as necessariamente a incidir nele? Ou esses resultados aconteceriam sem o conhecimento dela? Ambas as suposições, de fato, não merecem crédito. Mas se alguém deixasse de lado o termo Natureza (como poder eficiente) e falasse dessas coisas como naturais, ainda assim seria ridículo afirmar que as partes do todo estão em sua natureza sujeitas a mudanças e, ao mesmo tempo, ficar surpreso ou aborrecido como se algo estivesse acontecendo contra a própria natureza, tanto mais que, ao falar da dissolução das coisas, significa que elas se decompõem novamente nos diversos elementos primitivos que as constituem. Pois ou há uma dispersão dos elementos de que todas as coisas foram compostas, ou uma mudança do que é sólido (corporal) para o terreno e do que é espiritual para o etéreo, de modo que essas partes são reconduzidas à razão universal, não importando se em certos períodos essa é consumida pelo fogo ou renovada por meio de eternas e sucessivas mudanças. Não imagine, contudo, que essas partes, corporal e espiritual, lhe pertencem desde o momento da geração, pois nossa estrutura atual recebeu seu incremento apenas ontem ou anteontem, como se poderia dizer, da comida ingerida e do ar inspirado. Esse que recebeu o incremento é que muda, não o que sua mãe deu à luz. Mas supondo que esse que sua mãe deu à luz esteja em grande medida envolvido com aquela parte que é passível de mudança, acredito que isso não entra em contradição com o que acaba de ser dito.

| 8 |

Se lhe apraz receber os qualificativos de bom, modesto, verdadeiro, racional, homem de equanimidade e magnânimo, tome cuidado para não desmenti-los com suas ações e, se os perder, rente recuperá-los rapidamente. Lembre-se de que racional sugere uma atenção discriminadora de todas as coisas e alguém sem negligência; e de que a equanimidade é a aceitação voluntária das coisas que lhe são atribuídas pela natureza; e magnanimidade é a elevação do espírito acima das sensações prazerosas ou dolorosas da carne e acima daquela pobre coisa chamada fama, acima da morte e de todas essas coisas. Se, então, se mantiver na posse desses qualificativos, sem desejar que os outros o designem por eles, você será outra pessoa e viverá outra vida. Continuar sendo o que tem sido até agora e ser dilacerado e humilhado por essa vida é típico de um insensato ou de alguém mais que apegado a essa sua vida; lembra aqueles lutadores semidevorados pelos animais selvagens que, embora cobertos de feridas e de sangue, suplicam ainda para serem mantidos até o dia seguinte, para serem novamente atirados, nesse estado, às garras e mandíbulas dos mesmos animais. Agarre-se, portanto, se conseguir, a essas qualidades que o distinguem e permaneça firme como se estivesse rumando para as Ilhas dos Afortunados.

Mas se perceber que as perdeu ou que não consegue mantê-las, siga corajosamente para algum recanto onde possa mantê-las, ou então dê imediatamente adeus à vida, não com arroubos, mas com simplicidade, liberdade e modéstia, depois de ter feito pelo menos essa única coisa louvável em sua vida, uma despedida digna. Para ter sempre presente essas qualidades, será de grande ajuda não esquecer os deuses e relembrar que eles não desejam ser lisonjeados, mas querem que todos os seres racionais sejam semelhantes a eles. Lembre-se também de que é uma figueira que faz o trabalho da figueira, que é um cão que faz o trabalho de um cão, que é uma abelha que faz o trabalho de uma abelha e que é um homem que faz o trabalho de um homem.

| 9 |

Diversões públicas, guerra, consternação, torpor, escravidão, vão apagar, dia após dia, de seu espírito aquelas sagradas máximas, a que dedica tão pouco estudo e que negligencia com facilidade. Mas é seu dever observar e fazer tudo de tal modo que, ao mesmo tempo em que o poder de lidar com as circunstâncias é aperfeiçoado, o poder do pensamento seja exercido; além disso, manter a confiança que deriva do conhecimento de cada uma das várias coisas em particular, confiança a ser mantida com reserva, mas não disfarçada. Quando é que vai poder desfrutar de uma vida simples e digna, privilegiado com o conhecimento de cada coisa em particular, quanto à sua substância, quanto ao lugar que ocupa no universo, a seu tempo de duração, a quem pertence, quem pode outorgá-la ou tirá-la?

| 10 |

Uma aranha sente orgulho ao apanhar uma mosca; e um homem, ao caçar uma pobre lebre; outro, ao apanhar um peixe na rede; outro, ao capturar javalis; outro, ao abater um uso; e outro, ao conseguir capturar sármatas[1]. Considerando os princípios que os guiam, não serão todos eles ladrões?

| 11 |

Adquira o hábito de observar como todas as coisas se transformam umas nas outras, atente para isso constantemente e procure aprofundar-se sempre mais nesse estudo, pois não há nada que propicie mais elevação e grandeza de espírito. Um homem assim deixa o corpo de lado e, ao ver que deve, a qualquer momento, afastar-se da companhia dos homens e deixar tudo aqui, entrega-se inteiramente a agir com justiça em todas as suas ações e, em tudo o mais que acontece, se resigna à natureza universal. Não pensa um só instante no que os outros possam dizer ou pensar dele ou fazer contra ele, uma vez que se contenta com essas duas coisas: agir com justiça em tudo o que faz e estar satisfeito com o que o destino lhe reservou. Deixa de lado todas as preocupações e distrações e nada mais almeja do que seguir o reto caminho da lei e, conservando-se nele, seguir a Deus.

| 12 |

Para que suspeita e medo, se está em seu poder perguntar o que deve ser feito? Se vê com clareza, siga por esse caminho contente, sem voltar atrás; mas se não vê com clareza, pare e procure se aconselhar da melhor forma. Se outros obstáculos surgirem, continue com a devida cautela e de acordo com seus recursos, mantendo-se firme no rumo daquilo que parece ser justo. O que há de melhor é alcançar esse objetivo; se falhar, valeu a tentativa. Aquele que segue a razão em todas as coisas se conserva ao mesmo tempo tranquilo e ativo, e também alegre e sereno.

| 13 |

Logo ao acordar, pergunte-se a si mesmo: "Será que vai ter alguma influência em mim, se o outro fizer o que é justo e correto?" Não vai ter. Não esqueceu, suponho, que aqueles que assumem ares arrogantes ao elogiar ou criticar os outros são exatamente os mesmos como costumam ser em sua vida privada. Não deve ter esquecido o que eles fazem, o que evitam, o que anseiam, o que roubam e como roubam, não com as mãos e os pés, mas com seu bem mais valioso, por meio do qual se obtém e se tem, se o homem assim o quiser, fidelidade, modéstia, verdade, lei, um bom sopro divino dentro de si.

| 14 |

Para a natureza, que tudo dá e tudo toma de volta, o homem instruído e modesto diz: "Dê o que bem quiser, tome de volta o que quiser". E diz isso sem orgulho, mas demonstrando obediência e mostrando-se satisfeito com ela.

| 15 |

Breve é o pouco tempo que lhe resta de vida. Viva como se estivesse numa montanha. Não faz diferença se um homem vive aqui ou acolá, se viver em qualquer lugar do mundo como membro de uma comunidade. Que os homens possam ver e conhecer um verdadeiro homem que vive de acordo com a natureza. Se eles não conseguem suportá-lo, que o matem. É melhor assim do que viver como eles.

| 16 |

Não desperdice seu tempo discutindo sobre como deve ser um homem bom. Seja um deles.

| 17 |

Contemple com frequência o tempo de modo geral e o ser como um todo e verá que cada coisa em particular não passa de um grão de areia em comparação com o ser e de uma volta de parafuso em comparação com o tempo.

| 18 |

Olhe com atenção para todas as coisas que existem e observe como cada uma delas já está entrando em processo de dissolução ou de mudança e, por assim dizer, em processo de degradação ou de dispersão ou, enfim, que tudo é constituído pela natureza de modo a morrer.

| 19 |

Considere que homens são quando estão comendo, dormindo, copulando, fazendo suas necessidades e assim por diante. Observe depois que tipo de homens são quando, do alto de seu posto, se mostram altivos, arrogantes ou zangados e criticando a todos. Há pouco tempo, porém, a quantos eles serviam como escravos e para que coisas. Dentro em breve, observe em que condições estarão.

| 20 |

O que a natureza universal traz para cada um e para cada coisa é para seu bem; e é para seu bem no próprio momento em que a natureza o traz.

| 21 |

"A terra adora a chuva"; e "o majestoso céu adora a terra". O universo adora fazer o que quer que esteja prestes a ser. E então eu digo ao universo: "Como você ama, eu também amo". E não é isso também que significa a expressão popular que diz "esta ou aquela coisa tem de acontecer"?

MEDITAÇÕES

| 22 |

Ou vive aqui, como já se habituou, ou vá para outro lugar, se essa é sua vontade, ou morre e terá cumprido sua missão na terra. Fora isso, não há escolha. Crie ânimo, então.

| 23 |

Que fique sempre bem claro que esse pedaço de terra é como qualquer outro; e que todas as coisas aqui são iguais às coisas no topo de uma montanha, ou à beira-mar, ou onde quer que queira estar. Encontrará exatamente essa mesma ideia em Platão[2] quando fala em "habitar dentro das muralhas da cidade como no redil de um pastor no alto de uma montanha".

| 24 |

Aquele que foge de seu amo é um desertor; mas o amo é a lei, e quem a viola é um desertor. E também aquele que está entristecido, ou zangado, ou com medo, está insatisfeito porque alguma coisa esteve ou está ou estará entre aquelas que são destinadas a ele por aquele que tudo governa, e ele é a lei e destina a cada um o que é apropriado. Aquele, portanto, que está com medo, que está entristecido ou zangado é um desertor.

| 25 |

Um homem deposita a semente num útero e vai embora; então outra causa toma essa semente, trabalha nela e forma uma criança. Coisa fantástica! Depois, a criança passa a ingerir comida pela boca, e então outra causa toma esse alimento e o converte em percepção e movimento, enfim, em vida, força e em tantas outras e variadas coisas! Observe as coisas que são produzidas de maneira tão misteriosa e veja o poder que as produz, do mesmo modo que vemos a força que atrai coisas para baixo e para cima; não com os olhos, evidentemente, mas não menos claramente.

| 26 |

Pense com frequência que as coisas como se apresentam hoje, assim também o eram no passado; e pense que vão se repetir novamente. Tenha diante dos olhos dramas inteiros com seus cenários, todos eles bem semelhantes, seja que os tenha conhecido por experiência própria ou aprendido com a história antiga; por exemplo, toda a corte de Adriano, e toda a corte de Antonino, e toda a corte de Filipe, Alexandre, Creso³. A representação é sempre a mesma, só os atores são diferentes.

| 27 |

Ao ver alguém aborrecido ou descontente com alguma coisa, pense no porco esperneando e grunhindo sob a faca que vai sacrificá-lo. Nem um pouco diferente desse animal em semelhante situação é aquele que se recolhe na cama e deplora em silêncio os laços que nos prendem ao destino. E considere que somente ao ser racional é dado seguir *voluntariamente* o que acontece; mas *simplesmente* seguir é uma necessidade imposta a todos.

| 28 |

Ao assumir uma coisa para fazer, seja ela qual for, pare e pergunte-se repetidas vezes: "Será que é porque a morte me priva disso, que tenho medo dela?"

| 29 |

O que é para mim a razão que tudo rege? O que é que estou fazendo dela nesse momento? E para que propósito a estou usando agora? Será que ela perdeu o senso da compreensão? Estará às soltas e separada da vida social? Estará tão envolvida e mesclada com a pobre carne, de modo a seguir os pendores e anseios desta?

| 30 |

Quando se ofender com a falta de outro, volte-se imediatamente para si mesmo e reflita sobre que falta do mesmo tipo você comete. Por exemplo, ao julgar que o dinheiro é uma coisa boa, ou que o prazer e a reputação também o são, e assim por diante. Se pensar nisso, logo haverá de esquecer sua raiva, ainda mais se considerar que ele está agindo sob pressão; o que mais poderia ele fazer? Ou, se lhe for possível, ajude-o a livrar-se dessa pressão.

| 31 |

Quando tiver visto Satírio, o socrático, pense em Êutiques ou em Hímen, e quando tiver visto Eufrates, pense em Eutíquio ou em Silvano, e quando tiver visto Alcifron pense em Tropeóforo, e quando tiver visto Xenofonte, pense em Críto ou em Severo[4], e quando olhar para si mesmo, pense em qualquer outro imperador; e com cada um que recordar, pense na contrapartida. Depois, deixe esse pensamento ecoar em sua mente: "Onde estão agora esses homens?" Em lugar algum, ou ninguém sabe onde. Assim haverá de olhar continuamente as coisas humanas como fumaça e como absolutamente nada; especialmente se refletir, ao mesmo tempo, que aquilo que já sofreu mudança nunca mais vai existir novamente por toda a duração infinita do tempo. Então, por que não pensa no breve espaço de tempo que dura sua existência? Por que não se contenta em passar esse curto período de modo conveniente? Que material e que oportunidades para sua atividade está evitando? Pois o que são todos esses temores e preocupações a não ser exercícios para a razão, que examina cuidadosamente a natureza de todas as coisas que acontecem na vida? Persevere, pois, até que tenha tornado todas essas coisas realmente suas, como o estômago que se fortalece assimilando todos os alimentos ou como o fogo que transforma em chamas e calor qualquer coisa que se jogue nele.

| 32 |

Não permita que alguém se ache no direito de dizer, com base na verdade, que você não é íntegro nem bom; mas prove que está muito enganado quem chega a pensar semelhante coisa a seu respeito. Tudo depende de você, pois quem pode impedi-lo de ser íntegro e bom? Caso não consiga viver dessa maneira, só lhe resta decidir-se por não viver mais, pois nem a razão lhe permite viver, se não for com integridade e bondade.

| 33 |

Qual é a melhor coisa que pode ser feita ou dita com o material que ora tem em mãos? Qualquer que ela seja, está em seu poder fazê-la ou dizê-la, e não se entregar a desculpas como se fosse impedido de agir. Não cessará de lamentar até que sua mente esteja em tal condição que lhe permita realizar, com o material que tiver em mãos, tudo o que é natural e conforme com a constituição do homem, e até que isso não represente para você o que o luxo é para o amante dos prazeres. Na verdade, o homem deve considerar um prazer, sempre e onde quer que seja, tudo o que pode fazer em conformidade com sua natureza. Ora, não é dado a um cilindro mover-se por si próprio por toda parte, nem é dado à água, nem ao fogo, nem a qualquer outra coisa que seja governada pela natureza ou por uma alma irracional, pois muitos são os obstáculos que os impedem. Mas o espírito e a razão podem superar tudo, porque sua natureza os torna capazes para tanto e para tanto os estimula sua vontade. Tenha diante dos olhos essa facilidade com que a razão ultrapassa qualquer obstáculo, assemelhando-se à facilidade com que o fogo sobe, como a pedra cai do alto e como o cilindro rola ladeira abaixo, e não queira exigir mais. Em todo caso, os obstáculos em si afetam apenas o corpo, que é uma coisa inanimada, ou então não conseguem nos aniquilar ou prejudicar, a menos que ajudados por nossas ideias falseadas ou pela submissão da própria razão; pois, se o conseguissem, aquele que sentisse seus efeitos se tornara imediatamente mau. Ora, no caso de todas as coisas que têm certa constituição, qualquer dano que possa acontecer a qualquer uma delas, a que é afetada se torna consequentemente pior; mas em semelhante caso, o homem se torna melhor, se assim se pode dizer, e mais digno de louvor, se souber fazer uso correto dessas adversidades. Finalmente, lembre-se de que nada prejudica quem é realmente cidadão, o qual não prejudica o Estado; nem prejudica o Estado quem não prejudica a lei; e dessas coisas que são chamadas infortúnios, nenhuma prejudica a lei. O que não prejudica a lei, portanto, não prejudica nem o Estado nem o cidadão.

| 34 |

Para aquele que está imbuído de verdadeiros princípios, mesmo o mais breve preceito, qualquer preceito comum, é suficiente para lembrá-lo de que deve se livrar de toda tristeza e de todo medo. Por exemplo: "Folhas, algumas o vento espalha pelo chão. Assim são os filhos dos homens"[5]. Folhas são também seus filhos; e folhas, também, são aqueles que clamam como se fossem dignos de crédito e apregoam seus elogios ou, ao contrário, amaldiçoam ou, às escondidas, criticam e zombam; e folhas, de modo semelhante, são aqueles que recebem e transmitem a fama de alguém para os pósteros. Todas essas coisas "florescem na primavera", como diz o poeta; então o vento as derruba; e logo a floresta produz outras folhas em seu lugar. A brevidade da existência é comum a todas as coisas, e ainda assim você as evita e as persegue como se fossem eternas. Dentro de pouco tempo, você fechará os olhos; e aquele que o acompanhou até a sepultura logo será pranteado por outro.

| 35 |

O olho sadio deve ver todas as coisas visíveis e não dizer "Quero ver coisas verdes", pois isso é sinal de visão doentia. A audição e o olfato saudáveis devem estar prontos para perceber, respectivamente, todos os sons e todos os cheiros. E o estômago sadio deve receber todos os tipos de alimento assim como o moinho recebe todo tipo de cereal para moer. De igual modo, um espírito sadio deve estar preparado para tudo o que possa acontecer. Mas aquele que exclama "Que meus filhos vivam e que todos os homens elogiem e aclamem o que quer que eu faça" é semelhante a um olho que anseia pelo verde ou dentes que suspiram por coisas macias.

| 36 |

Não há ninguém tão afortunado que não tenha à cabeceira de seu leito de morte quem não se alegre com sua partida. Supondo que ele fosse um homem bom e sábio, mesmo assim sempre haverá alguém que vai murmurar entre dentes: "Finalmente, vamos respirar aliviados, sem a presença desse patrão! É verdade que ele não foi rude conosco, mas eu percebia que tacitamente nos desprezava." Isso é o que se diz de um homem bom. Em nosso caso, quantos outros motivos não deve haver para que alguns de nossos amigos desejem se ver livres de nós! Pense nisso, portanto, quando estiver às portas da morte. E partirá mais contente, se refletir desse modo: "Vou partir desta vida, em que até meus companheiros, por quem tanto lutei, orei e tanto me preocupei, desejam que eu me vá, esperando mesmo tirar algum proveito com minha partida. Por que então um homem deveria se apegar a uma permanência mais longa neste mundo?" Não parta, no entanto, por essa razão, menos disposto com relação a eles; conserve sua aparência serena, amigável e benevolente, e não como se fosse arrancado à força do meio deles, mas como homem que tem uma morte tranquila, em que a alma abandona facilmente o corpo. Assim também deve ser sua partida do meio dos homens, pois a natureza o uniu e o associou a eles, mas agora ela dissolve a união. Separo-me, portanto, de meus parentes também, não de forma relutante, mas pacífica, pois a morte também é apenas mais uma das coisas que segue as leis da natureza.

| 37 |

Em qualquer ato, não importando por quem seja praticado, acostume-se, tanto quanto possível, a perguntar-se: "Qual é o objetivo desse homem ao fazer isso?" Mas comece por si e pergunte-se, primeiramente, a si próprio.

| 38 |

Lembre-se de que a força que puxa as cordas está escondida dentro de nós; nela está o poder de persuasão, a própria vida, nela está, se assim se pode dizer, o próprio homem. Ao contemplar-se a si mesmo, nunca inclua o invólucro que o cerca e esses órgãos que estão presos a ele, pois à parte de se desenvolverem sobre o corpo, não passam de meros instrumentos, como é o machado. De fato, sem a causa que as move ou as detém, não há mais utilidade nessas partes do que a lançadeira do tecelão, a caneta do escritor e o chicote do carroceiro.

NOTAS

[1] Povo nômade oriundo da Ásia central que, através dos séculos, foi migrando em direção da Europa e, na época de Marco Aurélio, estava sediado às margens do Danúbio, importunando as legiões romanas que defendiam as fronteiras. (N.T.)

[2] Platão (427-347 a.C.), filósofo grego, discípulo de Sócrates. Deixou vasta obra. Entre seus livros, cumpre destacar A República, O banquete, Críton, As leis, Górgias, Teeteto, Timeu, Apologia de Sócrates. A citação do texto é extraída da obra Teeteto. (N.T.)

[3] O autor relembra cortes de imperadores e reis: Adriano, imperador romano (117-138), Antonino Pio, imperador romano (138-161), Filipe II, rei da Macedônia ((382-336 a.C.) e pai de Alexandre Magno (356-323 a.C.); finalmente, Creso, último rei da Lídia (561-547 a.C.), conquistou as cidades gregas da Ásia Menor até as costas do mar Egeu. (N.T.)

[4] Marco Aurélio relembra pessoas de destaque de sua época ou mesmo anteriores para fundamentar a conclusão de seu pensamento. (N.T.)

[5] Citação extraída do poema Ilíada, de Homero (séc. IX a.C.), maior poeta da antiguidade grega; a ele também é atribuído o poema épico Odisseia. (N.T.)

LIVRO XI

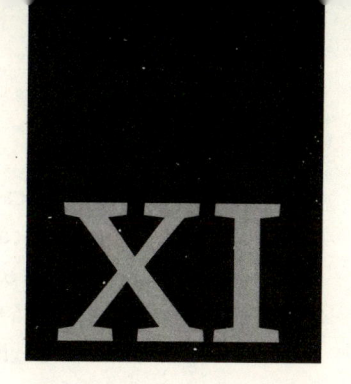

| 1 |

    Essas são as propriedades da alma racional: ela se contempla, se analisa e se faz como quer; ela própria tira proveito do fruto que traz em si, ao passo que os frutos das plantas e os derivados de animais, que correspondem a frutos, são aproveitados por outros; ela sempre alcança seu objetivo final, qualquer que seja o limite de vida que nos é fixado. Não como numa dança ou numa peça teatral e em coisas semelhantes, em que toda a ação fica incompleta, se houver uma repentina interrupção; mas para a alma, se em qualquer parte da ação foi interrompida pela morte, tudo o que lhe havia sido preposto se torna realizado e completo, de modo que pode dizer: "Obtive tudo o que é meu". Além disso, ela abrange todo o universo e o vácuo circundante, examina sua forma, se estende até a infinidade do tempo, abraça e compreende a renovação periódica de todas as coisas, e sabe que aqueles que vierem depois de nós não verão nada de novo, como os que nos antecederam nada mais viram do que nós vemos hoje. Dito de outro modo, alguém que viveu quarenta anos, se for dotado de razoável entendimento, viu de certa maneira, por causa da uniformidade de todas as coisas, tudo o que aconteceu no passado e tudo o pode acontecer no futuro. São também qualidades da alma racional o amor ao próximo, a verdade, a modéstia e o respeito por si próprio, que é também uma das características da lei. Assim, a reta razão não difere em nada do princípio da justiça.

| 2 |

    Você pode dar pouco valor ao canto agradável, à dança e aos exercícios atléticos. Se decompuser a melodia em suas várias notas e perguntar-se sobre cada uma delas à parte, "É essa que encanta tanto e me conquista?", ficará com vergonha de confessá-lo. Faça o mesmo com relação à dança, analisando cada movimento e postura; faça o mesmo também com relação aos exercícios atléticos. Em todas as coisas, exceto na virtude e nos atos de virtude, lembre-se de analisar as suas várias partes em separado e, dessa forma, passará a estimá-las bem pouco. Transfira esse método também para sua vida de forma geral.

| 3 |

Feliz da alma que está pronta a qualquer momento a se separar do corpo, e pronta para ser extinta ou dispersa ou continuar vivendo no corpo! Essa separação, contudo, deve provir da própria decisão e não de mera obstinação, como acontece com os cristãos[1], mas tomada com ponderação e dignidade, de modo a persuadir outros para semelhante disposição, sem alarde ou ostentação.

| 4 |

Fiz alguma coisa para o bem comum? Bem, então já tive minha recompensa. Tenha isso sempre em mente e continue praticando semelhantes ações.

| 5 |

Qual é seu principal objetivo? Ser bom. E como vai alcançá-lo, a não ser por meio dos grandes princípios que regem a natureza do universo e a peculiar constituição da natureza humana?

| 6 |

No início, as tragédias foram levadas ao palco como meio de lembrar os homens das coisas que acontecem e que devem acontecer, seguindo o curso da natureza; além disso, se estiver satisfeito com o que é mostrado no palco, não deve se perturbar com o que acontece no palco maior do mundo. Você vê que essas coisas devem acontecer dessa forma e que até mesmo as pessoas que clamam, "Ó, Citéron"[2], as suportam. De fato, algumas passagens dos autores de tragédias merecem destaque, como as seguintes:

"Se os deuses não zelam por mim e por meus filhos, deve haver uma razão."

"Não devemos nos irritar e nos preocupar com o que acontece."

"A vida do homem é ceifada como a bela espiga de trigo."

Depois da tragédia, foi introduzida a *comédia antiga*[3], que tinha uma liberdade de expressão magistral e, por sua simplicidade de dizer as coisas, era útil para lembrar os homens de tomar cuidado com a insolência; e para esse propósito também Diógenes costumava imitar esses escritores. Mas, quanto à *comédia média*[4], que veio a seguir, observe o que era e depois observe também com que objetivo a *comédia nova*[5] foi introduzida, porque gradualmente foi se tornando mero artifício mímico[6]. Sem dúvida, todos sabem que há coisas boas que nos foram legadas por esses escritores, mas a que fim visa o plano global dessa poesia e dramaturgia?

| 7 |

É de todo manifesto que não poderia haver outra condição de vida mais adequada para a prática da filosofia do que esta em que se encontra.

| 8 |

Um ramo cortado de um ramo adjacente deve necessariamente ser cortado de toda árvore também. Da mesma forma, um homem, que foi separado de seus semelhantes, fica separado também de toda a comunidade social. Mas o ramo é cortado por alguém, ao passo que o homem, por seus atos, se separa de seu próximo quando o odeia e se afasta dele, deixando ao mesmo tempo de perceber que está se isolando de todo o sistema social. O homem, contudo, tem esse singular privilégio, recebido certamente de Zeus, que formou a sociedade, de se unir novamente a seu semelhante e recompor, assim, a integridade do todo. Se esse tipo de separação se repetir com frequência, torna-se mais difícil essa reunião e restauração da condição anterior. Finalmente, o ramo, que desde o início cresceu com a árvore e permaneceu sempre unido a ela, não é como aquele que, depois de cortado é enxertado de novo. Deste último, dizem os jardineiros, é da mesma árvore, mas não tem a mesma mente.

| 9 |

Embora aqueles que tentam interpor-se em seu caminho, quando está procedendo de acordo com a reta razão, não consigam desviá-lo de suas boas ações, nem por isso deixe de nutrir para com eles sentimentos de benevolência. Mas fique igualmente atento em ambas as posições, isto é, não apenas firmeza na decisão e na ação, mas também gentileza para com aqueles que tentam atrapalhar ou perturbá-lo de qualquer outra forma. Irritar-se com eles também é uma fraqueza, bem como desviar-se do curso da ação e ceder por medo. Em ambos os casos, o homem que assim se comporta é um desertor de seu posto, ou seja, quem o faz por medo e quem se deixa ludibriar por aquele que é, por natureza, seu semelhante e amigo.

| 10 |

A natureza não é inferior à arte, porque toda arte imita a natureza. Assim sendo, aquela natureza que é a mais perfeita e a mais abrangente de todas as naturezas não pode ficar aquém da habilidade da arte. Ora, todas as artes produzem obras inferiores na tentativa de reproduzir a superior; e isso é também o que a natureza universal faz. E assim se explica a origem da justiça e, na justiça, todas as outras virtudes têm seu fundamento. Nunca haveremos de observar a verdadeira justiça, se nos preocuparmos com coisas de menor valor ou se formos facilmente ludibriados, descuidados e inconstantes.

| 11 |

Se as coisas com que tanto se preocupa em conseguir ou em evitar não vêm até você, talvez seja você que tem de ir até elas. Refreie os juízos que faz delas e elas não se moverão; e você não será visto correndo atrás delas ou tentando evitá-las.

| 12 |

A forma esférica da alma mantém sua aparência perfeita quando não se estende a nenhum objeto externo, nem se recolhe em si própria, nem se dispersa, nem afunda, mas quando brilha com aquela luz que lhe revela a verdade em todas as coisas e a verdade dentro dela própria.

| 13 |

Se alguém me despreza, cabe a ele pensar no que está fazendo. De minha parte, tomarei o cuidado para não fazer nada nem dizer nada que seja motivo de menosprezo. Alguém me odeia? Problema dele. De minha parte, serei afável e bom para com todos; e até mesmo pronto para mostrar a esse homem seu erro, sem recriminações, nem demonstrando minha tolerância, mas de forma nobre e honesta, como o grande Fócio[6]. Assim deve ser seu íntimo, de modo que os deuses não o vejam insatisfeito com nada nem reclamando de nada. Que mal há para você, se agora está fazendo o que é agradável à sua natureza e está satisfeito com o que nesse momento é adequado à natureza do universo, uma vez que você é um ser humano colocado em seu devido posto para que tudo o que for em prol do bem-estar de todos seja feito de alguma maneira?

| 14 |

Os homens se desprezam e se bajulam; um gostaria de passar por cima do outro e, no entanto, um se abaixa diante do outro.

| 15 |

Quão insensato e insincero é aquele que diz: "Resolvi falar com toda a simplicidade e franqueza com você". O que é isso, amigo? Não há necessidade de palavras introdutórias. O que se pretende dizer se revela por atos, como se estivesse claramente escrito na testa. Devia brilhar em seus olhos, como a pessoa amada distingue o profundo afeto no olhar do amado. O homem honesto e bom deve ser exatamente como um homem que exala um odor forte, de modo que quem se aproximar dele logo vai sentir esse odor, quer queira ou não. Mas a afetação da simplicidade é como uma adaga escondida. Nada é mais odioso do que a falsa amizade do lobo, que deve ser repudiada a qualquer custo. O homem verdadeiramente bom, sincero e afável revela essas qualidades na expressão do olhar e ninguém pode deixar de notar.

| 16 |

Viver da melhor maneira possível é algo que está em poder da alma, se for indiferente às coisas que são indiferentes. E será indiferente, se olhar cada uma delas separadamente e todas juntas, e se lembrar de que nenhuma delas produz em nós a opinião que delas temos, nem chega a nós; mas essas coisas permanecem imóveis e somos nós mesmos que fazemos juízos sobre elas e, como podemos dizer, as gravamos em nosso espírito; mas está em nosso poder também não gravá-las, como está também o de apagá-las, se algumas delas tiverem sido gravadas inadvertidamente. Cumpre relembrar que essa cuidadosa atenção será exigida por breve tempo, pois que a vida logo haverá de chegar a seu fim. Além disso, por que se preocupar tanto? Pois, se essas coisas estão de acordo com a natureza, regozije-se com elas e elas não lhe criarão problemas; mas se forem contrárias à natureza, procure o que está em conformidade com sua natureza e aja de acordo, mesmo que isso não lhe traga fama, porque todo homem tem o direito de procurar o próprio bem.

| 17 |

Pense na origem de cada coisa, no que a compõe, naquilo em que vai se transformar, e que espécie de coisa será depois de transformada e que certamente não haverá de ficar pior.

| 18 |

Se for ofendido:

Primeiro: Considere a própria relação com os homens, relembrando que todos nós fomos feitos uns para os outros; sob outro aspecto, posso pensar que nasci para ser o guia deles, como o carneiro guia o rebanho ou um touro, a manada. Mas examine a questão a partir dos princípios, como este: se todas as coisas não são meros átomos, é a natureza que ordena todas as coisas; se assim é, as coisas inferiores existem por causa das superiores, e as superiores existem umas para as outras.

Segundo. Pense nas atitudes desses homens à mesa, na cama e assim por diante; e, em particular, nas pressões que seus modos de pensar exercem sobre eles; e quanto aos atos, considere com que orgulho eles agem.

Terceiro. Se o que esses homens fazem é correto, não há por que ficar descontente; mas se não é correto, é claro que agem assim involuntariamente e por ignorância. Isso porque, como toda alma é involuntariamente privada da verdade ao errar, assim também o homem é involuntariamente privado do poder de dar a outro o tratamento a que tem direito. Observe como se mostram indignados ao serem chamados de injustos, ingratos, gananciosos, numa palavra, maus para com seus semelhantes.

Quarto. Pense que você também faz muitas coisas erradas e que não é diferente dos outros. Mesmo que não incida em certos erros, você tem a tendência a cometê-los, embora por medo ou por preocupação com sua reputação ou por outro motivo mesquinho, se abstenha deles.

Quinto. Pense que você mesmo não tem certeza de que eles estejam agindo mal, porque são muitas as diferentes circunstâncias que interferem nos atos dos homens. Em resumo, muito deve aprender o homem antes de se sentir capaz de emitir um juízo adequado sobre os atos de outrem.

Sexto. Quando estiver muito zangado ou ressentido, pense que a vida do homem não dura mais que um momento e que, dentro em breve, todos nós já estaremos mortos.

Sétimo. Não são os atos dos homens que nos perturbam, pois esses atos têm seu fundamento nos princípios da razão que os rege; são nossas opiniões a respeito deles que nos perturbam. Afaste esses pensamentos e remova a ideia de que os atos dos outros lhe fazem mal, e sua irritação desaparecerá. Como devo remover essas ideias? Pensando que nenhum ato ilícito de outrem o atinge diretamente. Isso porque, se não admitir que só a degradação moral é má, você também deveria se tornar culpado de muitos atos condenáveis, como roubo e outras coisas da pior espécie.

Oitavo. Pense que nossa irritação e raiva são mais prejudiciais a nós próprios do que os atos alheios que as provocaram.

Nono. A bondade é irresistível, se for genuína, sincera e sem sorrisos hipócritas. O que poderá o homem mais violento fazer contra você, se continuar sendo bom para com ele e se o admoestar cordialmente, quando a oportunidade se oferecer, e o corrigir calmamente quando está prestes a lhe causar algum mal, dizendo: "Não, meu amigo, não é para isso que, por natureza, fomos feitos.

Não é a mim que ofende, mas a si mesmo". E mostre-lhe com tato e por meio de princípios gerais que assim é, e que nem as abelhas agem como ele, nem outros animais que, por natureza são gregários, se comportam dessa maneira. Não faça isso com ironia nem sob forma de reprovação, mas de modo afetuoso e sem rancor; não como um professor que está ensinando, nem para causar a admiração dos circunstantes, mas, mesmo na presença de outros, faça como se estivesse a sós com ele.

Lembre-se desses nove conselhos, como se os tivesse recebido de presente das Musas[8], e comece, finalmente, a ser homem enquanto estiver vivo. Mas deve igualmente evitar os aduladores, bem como aqueles que provocam sua ira, pois são seres antissociais e levam a agir mal. Em momentos de raiva, tenha presente essa verdade, ou seja, que ser movido pela paixão não é sinal de virilidade, mas que brandura e gentileza, como são mais agradáveis à natureza humana, nelas é que transparece mais claramente o verdadeiro homem; e aquele que possui essas qualidades é que possui força, nervos e coragem, e não o homem que está sujeito a arroubos de paixão e descontentamento. Na mesma medida em que a mente de um homem está mais próxima de se ver livre de toda paixão, na mesma medida também está mais próxima da força: e como a sensação de dor é característica de fraqueza, também a raiva o é, pois aquele que cede à dor e aquele que cede à raiva, ambos estão feridos e se submetem à derrota.

Se quiser, recebe também o décimo presente do guia das Musas[9], que é o seguinte: Esperar que os homens maus não façam o mal é loucura, pois espera por algo impossível. Mas permitir que os homens se comportem maldosamente com os outros e esperar que não lhe façam mal algum é irracional e incompreensível.

| 19 |

Há quatro disposições da alma contra as quais deve constantemente se precaver e suprimi-las quando detectadas, dizendo para cada uma delas: "Esse pensamento não é necessário"; "Isso tende a destruir a união social"; "Isso que vai proferir não reflete meus verdadeiros pensamentos", pois não expressa seus verdadeiros pensamentos e deve ser considerada uma das coisas mais absurdas para um homem. A quarta se revela quando vai se recriminar a si mesmo por alguma coisa, pois isso é um indício de que a parte divina em seu íntimo está dominada e cedendo à parte menos honrosa e perecível, o corpo, e a seus grosseiros prazeres.

| 20 |

Sua parte etérea e todas as partes ígneas que estão misturadas em você, embora por natureza tenham uma tendência ascendente, ainda em obediência à disposição do universo, elas são dominadas e retidas aqui dentro do corpo. E também toda a parte terrena e fluida em você, embora com tendência para baixo, ainda é mantida na superfície e numa posição que não lhe é natural. Dessa maneira, as partes mais elementares obedecem ao todo universal; pois, quando destinadas a um lugar ou posição, ali permanecem, forçosamente, até soar o sinal de sua dissolução. Não é então estranho que apenas sua parte inteligente seja desobediente e descontente com sua situação? E, no entanto, nada de violento e contrário à sua natureza lhe é imposto, mas somente o que é conforme com sua natureza; ainda assim, não se submete e toma a direção oposta, pois o que são todos os seus movimentos em direção à injustiça, à intemperança, à raiva, à dor e ao medo senão desvios voluntários da natureza? E quando a alma está descontente com qualquer coisa que lhe aconteça, também abandona seu posto, pois foi constituída para a piedade e a reverência para com os deuses, não menos do que para a justiça. Essas qualidades também são compreendidas sob o termo genérico de contentamento com a ordem natural das coisas no universo e, na verdade, são anteriores aos atos de justiça.

| 21 |

Quem não tem um objetivo constante na vida, não pode ser um e o mesmo durante toda a vida. Mas essa afirmação não basta em si mesma, se não for acrescentado algo sobre qual deve ser esse objetivo. Ora, não é sobre todas as coisas consideradas boas que encontramos a uniformidade de opinião com relação à própria finalidade da vida, mas somente sobre algumas delas, como as relativas ao bem-estar comum. Por essa razão, o objetivo que temos de nos propor deve ser de cunho social e mirar o bem de nossos semelhantes e de toda a comunidade. Quem dirigir todos os seus esforços para esse fim haverá de conferir uniformidade a todos os seus atos e, dessa maneira, se conservará sempre o mesmo homem.

| 22 |

Pense no encontro do rato do campo com o rato da cidade[10] e na consternação e agitação do último.

| 23 |

Sócrates[11] costumava chamar as opiniões do vulgo de bicho-papão, que só assusta crianças.

| 24 |

Os espartanos, em seus espetáculos públicos, costumavam colocar assentos à sombra para os estrangeiros, mas eles próprios se sentavam em qualquer lugar.

| 25 |

Sócrates se desculpou ao declinar de um convite de Perdicas[12], dizendo: "Não quero perecer da pior maneira possível, recebendo um favor que não possa retribuir".

| 26 |

Nos escritos dos efésios havia uma exortação para relembrar com frequência alguns dos homens de outros tempos que haviam sido eminentemente virtuosos.

| 27 |

Os pitagóricos nos recomendam olhar para os céus, pela manhã, para que nos lembremos sempre de como aqueles corpos celestes desempenham continuamente e da mesma maneira suas tarefas e também para nos relembrar sua pureza e sua simplicidade, pois não há véu que encubra uma estrela.

| 28 |

Pense em Sócrates envolto numa pele de ovelha, depois que Xantipa[13] levou seu manto e partiu, e com que brincadeiras Sócrates deteve seus amigos que pareciam envergonhados ao vê-lo vestido daquela maneira e estavam se retirando.

| 29 |

Na escrita e na leitura, aprenda você mesmo primeiro as regras, antes de querer ensiná-las aos outros. Observe isso com muito mais rigor na vida.

| 30 |

Você é um escravo: a liberdade de expressão não é para você.

| 31 |

E meu coração riu dentro de mim[14].

| 32 |

Eles amaldiçoarão a própria virtude, proferindo palavras duras[15].

| 33 |

O tolo procura figos no inverno; assim é também aquele que procura ter filhos depois que seu tempo já passou[16].

| 34 |

Quando o pai beija o filho, disse Epicteto, deve sussurrar para si mesmo: "Amanhã poderá estar morto". "Mas são palavras de mau agouro", disseram-lhe. Ao que lhes respondeu: "Nenhuma palavra que expressa um ato da natureza é de mau agouro. Será de mau agouro dizer que as espigas de trigo maduras devem ser colhidas?"

| 35 |

Uva verde, cacho maduro, uva passa são todas mudanças, não mudança em nada, mas em algo que ainda não existe. (Epicteto)

| 36 |

Ninguém pode nos roubar o livre-arbítrio. (Epicteto)

| 37 |

Epicteto disse também que o homem deve descobrir uma forma de dar seu assentimento. Com relação aos impulsos, deve ter o cuidado de refreá-los, de direcioná-los para os interesses sociais e zelar para que sejam proporcionais ao valor do objeto. De outra parte, os desejos ardentes devem ser reprimidos tanto quanto possível e a aversão deve ser limitada ao que não depende de nosso poder.

| 38 |

A discussão nesse caso, disse ele, não é sobre qualquer questão de somenos importância, mas sobre a questão de ser louco ou não.

| 39 |

Sócrates costumava dizer: "O que querem, almas de homens racionais ou irracionais?" – "Almas de homens racionais." – "De que homens racionais, sadios ou doentes?" – "Sadios." – "Por que então não vão buscá-las?" – "Porque já as temos." – "Por que então andam discutindo e brigando?"

NOTAS

[1] Essa é a única referência, em todo o texto, que Marco Aurélio faz aos cristãos. Há críticos, no entanto, que julgam que a anotação é acréscimo feito por terceiro, por algum copista. (N.T.)

[2] Montanha em território grego, teatro de numerosas lendas míticas e local de culto, na Grécia antiga. (N.T.)

[3] A *comédia antiga* se caracterizava pela sátira violenta e impiedosa da sociedade, de suas instituições e dos cidadãos de todas as classes. (N.T.)

[4] A *comédia média*, que veio logo a seguir (400-350 a.C.) passou a tratar do tema dos costumes ou inspirando-se na mitologia. (N.T.)

[5] A comédia nova surgiu logo depois e criava tipos, como o escravo astuto, a cortesã, o filho de família exemplar, privilegiando as intrigas amorosas. (N.T.)

⁶ O Mimo, ou comédia mímica, era representada no palco por um único ator que, com seus movimentos e gestos, reproduzia a ação que era descrita pelo texto lido pelo coro. Esse tipo de comédia sempre coexistiu com o teatro, mas acabou se tornando, com o tempo, muito mais popular que a comédia tradicional e que o próprio teatro. (N.T.)

⁷ Fócio (402-318 a.C.), estratego e estadista ateniense, apelidado de "O Bom"; a restauração do governo democrático e a volta dos exilados valeram-lhe a condenação à morte, acusado de traição. (N.T.)

⁸ As Musas eram divindades, filhas de Zeus, e presidiam as artes liberais, ou seja, a música, a história, a comédia, a tragédia, a dança, a elegia, a poesia lírica, a poesia épica, a astronomia e a eloquência. (N.T.)

⁹ O guia das Musas era Apolo, o Sol na mitologia grega; inventor da lira, comandava as Musas, era o protetor das artes, deus da harmonia, da música e da inspiração poética; como deus do Sol, conduzia diariamente o carro do Sol de um extremo a outro do céu, sendo responsável pelos dias e pelas noites. (N.T.)

¹⁰ Fábula atribuída a Esopo (século VII ou VI a.C.), na qual relata a visita do rato do campo ao rato da cidade para se deliciar com a fartura e diversidade de guloseimas que a cidade oferece. Assustado, porém, com a presença de gatos e de pessoas que os põe em fuga continuamente, prefere voltar ao campo e viver tranquilo, com sua parca alimentação de cereais e ervas. (N.T.)

¹¹ *Sócrates (470-399 a.C.), filósofo grego que não deixou nenhuma obra escrita; suas teses filosóficas se tornaram conhecidas graças a seu discípulo Platão, que as resumiu e as transmitiu em suas obras.* (N.T.)

¹² Perdicas II (falecido no ano 413 a.C.), rei da Macedônia. (N.T.)

¹³ Segunda esposa de Sócrates, com quem teve três filhos; o caráter rabugento de Xantipa se tornou proverbial. Não há registro desse episódio, mas sabe-se que, perguntado se as rabugices da mulher não lhe eram intoleráveis, ele, por sua vez, perguntou: "Achas que o quá-quá de teus patos é intolerável?" O outro respondeu: "Não, porque eles me dão ovos e crias". "Ela também me dá filhos", respondeu Sócrates, sorrindo. (N.T.)

¹⁴ Citação extraída do poema *Odisseia*, de Homero (séc. IX a.C.), o maior poeta da antiguidade grega; a ele também é atribuído o poema épico Ilíada. (N.T.)

¹⁵ Hesíodo, poeta grego do século VIII a.C. A citação é extraída da principal obra dele, intitulada Os trabalhos e os dias. (N.T.)

¹⁶ Citação extraída da obra de Epicteto (ca. 55-ca. 135), escravo liberto por Nero, que dava lições públicas de filosofia estoica; seu discípulo e historiador Arriano (Flavius Arrianus) compilou essas lições em oito livros, dos quais somente quatro chegaram até nós. (N.T.)

LIVRO XII

| 1 |

Todas as coisas a que deseja chegar por um caminho tortuoso, poderia tê-las hoje, se não as negasse a si mesmo. E isso significa que lhe bastaria não tomar conhecimento de todo o passado, confiar o futuro à Providência e dirigir seu presente de acordo com os princípios da santidade e da justiça. Da santidade, para que possa se contentar com o quinhão que lhe foi destinado, pois a natureza o produziu para você e você para ele. Da justiça, para que possa sempre falar a verdade com franqueza e sem artifício, e fazer as coisas de acordo com a lei e de acordo com a importância de cada uma. E que nem a maldade de outro, nem a opinião ou a fala de terceiros, nem mesmo as sensações da pobre carne que cresceu em torno de você o impeçam de seguir seu caminho; que a parte atormentada em tais casos cuide de si própria. Se, no entanto, seja qual for o momento em que estiver perto da partida, esqueça todo o resto e honre apenas a alma que o guia e a porção divina que reside dentro de você; e, se tiver medo, não porque algum dia tenha de deixar de viver, mas por não ter começado a viver de acordo com a natureza, então será um homem digno do universo que o criou e deixará de ser um estrangeiro em sua terra, surpreso com os acontecimentos de cada dia, como se fossem inesperados, e sempre dependente disso ou daquilo.

| 2 |

Deus vê o espírito de todos os homens, despido da vestimenta material, casca e impurezas. Agindo apenas no intelecto, ele toca somente o que neles flui e deriva dele próprio. E se você se acostumar a fazer o mesmo, vai se livrar de muitos problemas e de trivialidades, pois quem é que, não se importando com a pobre carne que o envolve, vai se inquietar com roupas, casa, fama, aparência e semelhantes coisas externas?

| 3 |

Você é formado de três partes: corpo, respiração e espírito. Os dois primeiros merecem algum cuidado até certo ponto, porque são seus. Mas somente o terceiro é propriamente seu. Se, portanto, separar de si mesmo, isto é, de seu entendimento, tudo o que os outros fazem ou dizem e tudo o que você mesmo fez ou disse no passado, e todas as coisas futuras que o incomodam porque podem acontecer, e tudo o que afeta o corpo ou a respiração, que é por natureza associada ao corpo, mas que não obedece a seu controle, e tudo o que gira em torno no turbilhão das circunstâncias externas, para que o poder de seu espírito, livre das influências do destino, possa viver sua vida independente, fazendo o que é justo, aceitando o que acontece e dizendo a verdade; se, repito, afastar dessa faculdade que tudo rege as coisas que estão agarradas a ela pelas impressões dos sentidos, as coisas do passado e do futuro, esforçando-se para se tornar como a esfera de Empédocles[1], "totalmente redonda e alegrando-se na própria esfericidade" e ainda se esforçar para viver apenas o que é realmente sua vida, isto é, o presente, então será capaz de passar a parte da vida que lhe resta, até o momento de sua morte, livre de perturbações, com dignidade e em consonância com a divindade que tem dentro de si.

| 4 |

Muitas vezes me pergunto por que todo homem ama a si mesmo mais do que a outros, mas ainda assim dá menos valor à opinião que tem de si mesmo do que à opinião dos outros. Se um deus ou um sábio conselheiro se apresentasse a um homem e lhe pedisse para não guardar em segredo qualquer pensamento ou intenção, mas os tornasse públicos imediatamente, esse homem não aguentaria fazer isso nem por um dia. Isso significa que damos mais importância ao que os outros pensam de nós do que àquilo que nós pensamos de nós mesmos.

| 5 |

Como se poderia pensar que os deuses, depois de terem concebido tão bem e de modo tão benevolente todas as coisas em favor da humanidade, tivessem negligenciado um ponto, ou seja, que alguns dos melhores homens, que viveram, como se poderia dizer, na mais íntima comunhão com a divindade por suas boas ações e devoção, não tivessem outra existência depois da morte, mas fossem condenados à completa extinção? Se esse é seu destino, tenha certeza de que, se tivesse de ser de outra forma, os deuses o teriam feito, pois, se fosse justo, também seria possível; e se fosse de acordo com a natureza, a natureza o teria feito. Mas como não é assim, se de fato não for assim, pode ter certeza de que não deveria ser assim. Não percebe que, ao discutir questões como essa, na realidade está culpando a divindade? Ora, será que haveríamos de discutir uma questão com os deuses, se eles não fossem perfeitamente bons e justos? E se o são, jamais haveriam de permitir que alguma coisa fosse injusta ou insensatamente negligenciada na ordenação do universo.

| 6 |

Pratique, mesmo aquilo que não consegue realizar com perfeição. A mão esquerda, incapaz para muitas coisas por falta de prática, segura as rédeas com mais firmeza que a direita, porque tem prática disso.

| 7 |

Pense em que estado deverá estar, em corpo e alma, quando a morte o surpreender. Pense na brevidade da vida, no ilimitado abismo de tempo antes e depois dela, e na fragilidade de toda a matéria.

| 8 |

Analise os princípios ativos das coisas, despidas de suas coberturas; repare nas intenções de cada ato; reflita sobre o que é a dor, o prazer, a morte e a fama; observe que cada um é a causa de sua inquietação e que ninguém é impedido pelos outros a agir como quiser; pense bem e verá como tudo é opinião.

| 9 |

Na aplicação de seus princípios, deve seguir o exemplo do pugilista e não o do gladiador, pois este deixa cair a espada que usa e é morto, enquanto o outro sempre tem a mão e só precisa usá-la com habilidade.

| 10 |

Veja do as coisas são feitas, decompondo-as em matéria, forma e finalidade.

| 11 |

Que grande privilégio desfruta o homem: não fazer nada senão o que Deus aprova e aceitar tudo o que Deus pode lhe dar.

| 12 |

Com relação ao que acontece na ordem da natureza, não devemos culpar os deuses, porque eles nada fazem de errado, voluntária ou involuntariamente; tampouco devemos culpar os homens, porque eles nada fazem de errado voluntariamente. Por conseguinte, não devemos culpar ninguém.

| 13 |

Como é ridículo e estranho aquele que se surpreende com tudo o que acontece na vida.

| 14 |

Ou há um destino inexorável e uma ordem inalterável ou uma providência bondosa e benigna ou uma confusão total e sem sentido. Se há um destino irreversível, por que resistir? Mas se houver uma Providência propícia, faça-se digno da ajuda da divindade. Mas, se houver confusão desgovernada, contente-se em ter dentro de si, no meio dessa tempestade, um espírito que o guia. Mesmo que a tempestade o carregue, que leve a pobre carne, a espiração e todo o resto, mas o espírito, pelo menos, não haverá de levar.

| 15 |

Se a chama da lamparina brilha sem perder seu esplendor até se apagar, será que a verdade, a justiça e a temperança vão se extinguir dentro de você antes de sua morte?

| 16 |

Se tiver a impressão de que alguém agiu mal, pergunte-se: "Como posso ter certeza de que cometeu um erro?" Mesmo que ele tenha feito algo errado, como posso saber se ele já não se condenou por isso, a ponto até de arranhar o próprio rosto com as unhas? Esperar que um homem mau não faça o mal é como esperar que a figueira não produza suco nos figos, que os bebês nunca chorem, que o cavalo nunca relinche ou que qualquer outra coisa inevitável deixe de acontecer. Como haveria de agir um homem que tem semelhante caráter? Se o incomoda tanto, procure corrigi-lo.

| 17 |

Se não for a coisa certa a fazer, não a faça; se não for verdade, não o diga. Que sejam esses seus princípios básicos.

| 18 |

Observe sempre o que é aquela coisa que lhe causa forte impressão; desdobre-a e procure distinguir nela a causa, a matéria, a finalidade e o tempo de duração até se extinguir.

| 19 |

Perceba, finalmente, que tem dentro de si algo melhor e mais divino do que aquilo que desperta suas paixões e o retorce como uma marionete movida por fios. O que há agora em minha mente é medo, suspeita, luxúria ou qualquer coisa desse tipo?

| 20 |

Em primeiro lugar, não faça nada ao acaso e sem sentido. Em segundo lugar, faça com que seus atos se refiram sempre a um fim social.

| 21 |

Muito em breve, não estará mais aqui e talvez em lugar nenhum; nem vão existir todas as coisas que agora vê, bem como todos aqueles que ora vivem. Isso porque todas as coisas são formadas pela natureza para mudar, para se transformar e para morrer, para que outras, em sucessão contínua, possam vir a existir.

| 22 |

Todas as coisas dependem da opinião que delas você tem, e essa opinião está dentro de você mesmo. Rejeite-a, então, quando quiser, e, como marinheiro que dobrou o promontório de tormentas, encontrará calma, tudo tranquilo e uma baía sem ondas.

| 23 |

Qualquer operação natural, de qualquer tipo que seja, quando cessa em seu devido tempo, não sofre nenhum mal por ter cessado; nem aquele que fez essa operação sofre algum mal por tê-la interrompido. Da mesma maneira, o todo, que é nossa vida e que consiste na soma de todas as nossas operações ou atos, se cessar em seu devido tempo, não sofre mal por essa razão; nem aquele que encerra essa série de operações no momento adequado, é afetado de modo desfavorável. Mas a hora apropriada e o limite são fixados pela natureza; às vezes, pela natureza peculiar do homem (como o limite da velhice), mas sempre pela natureza universal, pela mudança de cujas partes todo o universo continua sempre jovem e vigoroso. E tudo o que é útil ao universal é sempre bom e oportuno. O fim da vida, portanto, não é um mal para o homem, porque não é aviltante, uma vez que foge de seu controle e não se opõe ao interesse geral; mas, pelo contrário, é bom, visto que é oportuno e vantajoso para o universo e concorre para a harmonia do todo. Assim também, aquele que é guiado pela divindade, unindo-se a ela, segue o mesmo caminho dos deuses.

| 24 |

Tenha sempre presente estes três princípios. Primeiro, nas coisas que faz, não faça nada ao acaso ou de qualquer jeito, nem de maneira que possa ferir a justiça. No tocante a todos os acontecimentos exteriores, lembre-se de que ocorrem por acaso ou segundo a Providência, e não deve culpar o acaso nem acusar a Providência. Em segundo lugar, pense no que cada coisa é, desde a semente até o momento em que recebe uma alma, e desde a recepção da alma até a devolução da mesma; naquilo em que é constituída cada coisa e naquilo em que vai se dissolver. Terceiro, imagine que subitamente pudesse ser levado para o alto, acima da terra, e pudesse olhar para baixo e ver todas as atividades humanas, observar como são imensamente variadas e, ao mesmo tempo, pudesse ver também, de relance, como são inumeráveis os seres etéreos e celestiais que se aglomeram em derredor. Pense que, não importando quantas vezes pudesse ser levado para o alto, haveria de contemplar o mesmo panorama, a mesmice das formas e a brevidade de duração. Essas coisas são para se orgulhar?

| 25 |

Rejeite suas opiniões e estará a salvo. Quem lhe impede de rejeitá-las?

| 26 |

Quando você está aborrecido com alguma coisa, esqueceu que todas as coisas acontecem de acordo com a natureza universal; esqueceu também que a conduta errada de alguém não tem nada a ver com você; além disso, esqueceu que tudo o que acontece, sempre aconteceu e acontecerá, como agora está acontecendo em todos os lugares; esqueceu também como é próximo o parentesco entre um homem e toda a raça humana, pois essa é uma comunidade não do mesmo sangue ou da mesma semente, mas de uma inteligência comum, inteligência que, em todos os homens, é um deus, uma emanação da divindade; esqueceu igualmente que nada é do homem, porque mesmo seu filho, seu corpo e sua alma vieram da divindade; esqueceu ainda que tudo é opinião; e, finalmente, esqueceu que todo homem vive apenas o tempo presente e perde apenas isso.

| 27 |

Lembre-se com frequência daqueles que muito se indignavam por um nada, daqueles que atingiram o auge da glória, ou que caíram na maior desgraça, no maior repúdio ou em qualquer outro infortúnio desse tipo. Então pare e pergunte: "Onde estão todos eles agora?" Fumaça, cinzas e uma velha história ou, talvez, nem mesmo uma história. Relembre também numerosos exemplos, como Fábio Catulo vivendo no campo, Lúcio Lupo em seus jardins, Sertínio em Baia, Tibério em Capri e Rufo em Vélia[2]; enfim, pense na busca ansiosa de qualquer coisa associada ao orgulho e em como tudo é inútil depois de tão intensos esforços. Pense ainda quanto mais concorde com a filosofia seria para o homem, nas oportunidades que se apresentam, mostrar-se justo, moderado, obediente aos deuses; e isso sempre com toda a simplicidade, pois, o orgulho que se disfarça sob o manto da humildade é a coisa mais intolerável de todas.

| 28 |

Há quem me pergunte: "Onde é que viu os deuses ou como é que pode ter tanta certeza de que eles existem e, desse modo, os adorar?" Respondo: "Em primeiro lugar, podem ser vistos até com os próprios olhos[3]. Em segundo lugar, nunca vi minha alma e, contudo, a venero. O mesmo ocorre com os deuses; pela constante experiência que tenho do poder deles, creio que eles existem e, portanto, os adoro".

| 29 |

A segurança da vida consiste em examinar todas as coisas por completo, descobrindo sua essência, a matéria e a forma ou causa, em fazer estritamente o que é justo e em falar a verdade. Quanto ao resto, aproveite a vida com alegria, acumulando boas ações, uma após outra, compactamente, de modo a não deixar brecha entre elas.

| 30 |

Há uma única luz do sol, embora seja interrompida por paredes, montanhas e múltiplas outras coisas. Há uma única substância comum, embora distribuída entre inúmeros corpos, cada um com suas qualidades específicas. Há uma única alma, embora distribuída entre inumeráveis naturezas com suas peculiares limitações. Há um único espírito, embora pareça dividido. Ora, nos elementos que foram mencionados, todas as outras partes, que são ar e matéria, são incapazes de sensações, não têm afinidade entre si e se mantêm juntas pelo princípio inteligente e pela força da gravidade. Mas o intelecto, de maneira peculiar, tende para qualquer coisa que é de sua espécie e se mistura com ela; e a propensão para a unidade e a comunhão não é reprimida.

| 31 |

Por que é que anseia tanto continuar a existir? Para ter sensações, desejos? Para crescer ou deixar de crescer, para falar, pensar? O que há em todas essas coisas que lhe parece digno de cobiça? Mas se todas elas são passíveis de menosprezo, volte-se para o que resta, que é seguir a razão e Deus. Mas é incompatível com a reverência devida à razão e a Deus ficar lamentando que, com isso, deveremos ser privados de todas as outras coisas pela morte.

| 32 |

Como é pequena a parte do tempo ilimitado e insondável que é atribuída a cada homem, pois é logo sugado para a eternidade! E como é pequena também a parte que toca a cada um de toda a substância universal. E como é pequena a parte que lhe cabe da alma universal. E em que pequeno torrão de toda a terra você rasteja! Refletindo sobre tudo isso, convença-se de que nada tem grande importância, exceto agir conforme sua natureza lhe ordena e suportar o que a natureza universal lhe envia.

| 33 |

Como é que a parte que tudo rege desempenha o que lhe cabe? Pois tudo se resume nisso. Todas as outras coisas, se dependem ou não de sua vontade, são apenas cinza e fumaça.

| 34 |

Não há nada mais apropriado para nos levar ao desprezo da morte do que a reflexão de que, mesmo aqueles que julgam que o prazer é um bem e que a dor é um mal, a desprezaram.

| 35 |

O homem para quem só é bom o que vem no devido tempo, para quem é indiferente que tenha praticado mais ou menos atos conforme à reta razão e a quem não faz diferença se contempla o mundo por um tempo mais longo ou mais breve, para esse homem nem a morte é uma coisa aterrorizante.

| 36 |

Homem, você foi cidadão desse grande Estado. Que diferença faz se foi por apenas cinco anos? O que está de acordo com a lei é justo e igual para todos. Onde está a injustiça, se nenhum tirano nem um juiz injusto o expulsou do Estado, mas a natureza que o trouxe para ele? É o mesmo que um diretor que despede em cena um ator que havia contratado. "Mas eu não terminei os cinco atos, representei apenas três." Exatamente, mas na vida os três atos são todo o drama, pois o que deverá ser um drama completo é determinado por aquele que uma vez foi a causa de sua criação e agora o é de sua dissolução. Você não é a causa de nenhuma das duas. Parta contente, portanto, e bem-humorado, visto que aquele que o demitiu também está satisfeito.

NOTAS

[1] Empédocles (século V a.C.), filósofo, médico e legislador grego. (N.T.)

[2] Essas pessoas mencionadas por Marco Aurélio, como eminentes ou de grande destaque por seu estilo de vida ou por suas fortunas, são praticamente desconhecidas, exceto Tibério (Tiberius Julius Caesar: 42 a.C.-37 d.C.), imperador romano entre os anos 14 e 37 de nossa era e que possuía uma casa de veraneio ou de repouso na ilha de Capri. (N.T.)

[3] Os estoicos acreditavam que as estrelas eram expressão visível da divindade ou que elas próprias eram divinas. (N.T.)

ΜΕΓΟΙΕΣΕΝ
ΓΟΣΕΙΔΟΝ

Αρχαία Ελλάδα

ΕΛΛΑΔΑ

Ακρόπολη

Κρήτη

Αρχαία Ελλάδα

ΑΘΕΝΑΙΑ
ΑΜΑΣΙΣ

ν δός δέκα· πο ασ λθν
ή δός και αποτο π ο τ· ε θη 6οι ν·ό δο
Ͳ και λα ταν θανα π ο ρ α ξ ορα ι πολν
ορ ιθμο ιω ο δυ τ ζω τα ν αυτη· πρ ω

Ταις βλέπουμε, κάθε κράτος, ε τις ανάγκες,
είναι οργανωμένη για χάρη κάρη καρή κάποιου
οποιουδήποτε δραστηριότητα έχει στο νου το
αθο, τοτε προφανώς ότι η συνοδοξεί επιπλέον
υ ενότη το πιο σημαντικο απο ολα και όλες
λοτερο απο ολα τα οφελη αυτη η πολιτικη

Ελλαδα Αθήνα

Impressão e Acabamento
Gráfica Oceano